Das Buch zur Fernsehserie
Fahr mal hin – Die Pfalz

„Fahr mal hin" – Die Pfalz

Die schönsten Ausflugsziele

ausgewählt und bearbeitet von

Wolf-Günther Gerlach

Herausgeber

SÜDWESTFUNK

Mainz

SÜDWEST 3

nichts liegt näher

TR-Verlagsunion

Titelbild: Der Dom zu Speyer

Bildnachweis:

Südwestfunk Landesfunkhaus Mainz: S. 6-9, 32, 35, 36 (unten), 39, 47, 49, 51, 53, 55, 58, 61, 63, 67, 70-71, 81, 87, 89, 91, 95, 99, 101, 111, 119;

Erich Bettag: S. 17-18, 21; **Holger Laub:** S. 20; **Paul Schandin:** S. 22;

Büro für Tourismus Annweiler: S. 41; **Verkehrsamt Bad Dürkheim:** S. 104-110; **Kreisverwaltung Germersheim:** S. 36 (oben); **Fremdenverkehrsbüro Gräfensteiner Land:** S. 56-57, 59, 62; **Tourist Information Gemeindeverwaltung Hassloch:** S. 120-126; **Stadt Kaiserslautern:** S. 97-98, 100 (rechts), 102; **Touristinformation Kuseler Musikantenland:** S. 88; **Stadtverwaltung Ludwigshafen:** S. 10, 14; **Tourist, Kongreß und Saalbau GmbH Neustadt an der Weinstraße:** S. 112-117; **Stadtverwaltung Pirmasens:** S. 64 (V. Lösch), 65-66, 68; **FHV Rheinland-Pfalz:** S. 11 (Th. Krüger), S. 40 (Kilian), S. 42 (M. Jeiter), S. 46 (Wiegand), S. 48 (Osinski), S. 50 (Kilian), S. 52 (Osinski), S. 96 u. 100 (Th. Krüger); **Stadt Speyer:** Titelbild, S. 25-31 (alle K. Hoffmann); **Zentrale für Tourismus Südliche Weinstraße:** S. 45; **Verbandsgemeindeverwaltung Wallhalben:** S. 80, 82, 85; **Stadtverwaltung Zweibrücken:** S. 72-77.

Die TR-Verlagsunion dankt den örtlichen Verkehrsämtern für die freundliche Unterstützung.

Die Deutsche Bibliothek – CIP-Einheitsaufnahme
Fahr mal hin - die Pfalz : die schönsten Ausflugsziele ; [das Buch zur Fernsehserie] / [Südwestfunk]. Wolf-Günther Gerlach. - München : TR-Verl.-Union, 1997
ISBN 3-8058-3237-0
NE: Gerlach, Wolf-Günther; Südwestfunk <Baden-Baden> / Landesstudio Rheinland-Pfalz

Umschlaggestaltung: Wolfgang Bergmeir, München
Gesamtherstellung: Ludwig Auer, Donauwörth
ISBN 3-8058-3237-0

Inhalt

Unsere Autoren kennen die Menschen

Liebe Leserinnen, liebe Leser,

zu der erfolgreichen Südwest 3-Sendung "Fahr mal hin" gibt es jetzt auch ein Buch, das Ihnen als Begleiter auf Ihren Reisen hilfreich sein soll.

Wir beginnen mit der Pfalz, der Region im Herzen unseres Sendegebietes zwischen Bodensee, Saar und Eifel. Natürlich konnten wir der Vielfalt der "deutschen Toscana", wie viele sie wegen ihres milden Klimas nennen, nicht vollends gerecht werden, aber wir haben uns bemüht, eine gute Auswahl zu treffen, die den Weingarten Deutschlands von seiner besten Seite zeigt.

In Zukunft wollen wir in lockerer Folge weitere Bücher produzieren, in denen die Inhalte bereits gesendeter und produzierter "Fahr mal hin"- Beiträge - nach Lebensräumen geordnet - zusammengefaßt werden. Die Reise- und Informations-Sendung "Fahr mal hin" hat herausragende Bedeutung für das Südwest 3-Programm, repräsentiert sie doch in besonderem Maße den zentralen Grundgedanken unserer Arbeit, "Nahwelt" abzubilden.

Diese Programm-Ausrichtung fordert die Autoren in zweifacher Hinsicht: Zum einen müssen sie ihre Region gut kennen, zum anderen müssen sie wissen, was die Menschen im Lande besonders interessiert. Wir von Südwest 3 bemühen uns um beides. Unsere "Macher" sind von hier oder wohnen schon lange im deutschen Südwesten. Sie leben also mit den Menschen zusammen, für die sie arbeiten, kennen deren Interessen und Sorgen. Und unsere Rundfunkanstalten sind schon seit 50 Jahren mit der Region verwurzelt und haben in dieser Zeit Bilder, Töne und Texte in den Archiven gesammelt, die einmalig sind. Diese Schätze, gepaart mit publizistischer und gestalterischer Kompetenz, setzen wir auch in dieser Reihe immer wieder zum Nutzen unserer Zuschauer ein.

Mit der Reisesendung "Fahr mal hin" ist es uns eindrucksvoll gelungen, die "Programm-Philosophie der Nähe" für Hunderttausende von Zuschauern jede Woche auf den Bildschirm zu bringen. Die Beliebtheit der Sendung im Südwesten und die Resonanz der Zuschauer aus der ganzen Bundesrepublik bestärken uns, den eingeschlagenen Weg weiter zu gehen.

Ich wünsche Ihnen viel Spaß bei der Entdeckung der Pfalz.

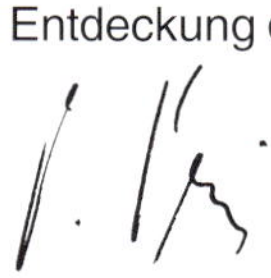

Ihr Dieter Klein

Dieter Klein ist der Leiter der Hauptabteilung Fernsehen im SWF-Landesfunkhaus Mainz.

Reisen in die „Nähe“ für die ganze Familie

Wenn meine kleinen Kinder nach einer halben Stunde Urlaubsfahrt bereits unausstehlich sind und aus dem Auto raus wollen, sind meine Frau und ich ganz froh, daß wir bald da sind. Wir fahren in die "Nähe", dank eines gut recherchierten Tips von "Fahr mal hin". Und weil es nicht so weit ist, lohnt es sich auch, nur ein paar Tage zum durch "Fahr mal hin" kennengelernten Bauernhof in die Pfalz zu fahren.

Urlaub in der Nähe, am liebsten ohne Auto und natürlich für die ganze Familie; so lautet das Rezept der wöchentichen Sendereihe "Fahr mal hin" beweist einmal mehr, daß "Urlaub in der Nähe" keinesfalls ein Urlaub zweiter Klasse sein muß. Unsere Filmemacher haben ihre Lieblingsregionen durchstöbert, um auch Ecken zu finden, die kein Prospekt und kein Reiseführer bereithalten. Seit langem kennen sie die Menschen und ihr Land. Sie erfahren Geschichten und Anekdoten, sitzen in gemütlichen Kneipen und übernachten in alten Gemäuern. Für Kinder entdecken sie Wildparks, Abenteuerspielplätze oder Badeseen und Wanderwege tief im Wald. Sie sind unterwegs im Auftrag des Zuschauers. Bei den Dreharbeiten fangen unsere erfahrenen Kameraleute ein typisches und realistisches Bild der Region ein. Am Schneidetisch verwandeln sich Autor/in und Cutter/in zu Reiseführern. Die vielen Eindrücke werden mit Hilfe von Landkarten und anderen grafischen Leistungen zu einem runden Bild komponiert, das einen sofortigen Start in den Urlaub ermöglicht.

Dabei müssen unsere Autorinnen und Autoren besondere Sorgfalt walten lassen, denn ihre Filme sind nachprüfbar. Gerade in den betroffenen Regionen werden sie besonders kritisch betrachtet. Ein Bericht etwa über die Anden oder die finnische Seenplatte kann von den meisten

von uns nur hingenommen werden, selten jedoch auf seinen Wahrheitsgehalt hin beurteilt werden. Auch bekommen ihn die Menschen dieser Regionen ohnehin fast nie zu sehen. Anders ist dies, wenn wir vom Bodensee, vom Westerwald oder aus der Pfalz berichten. Die Menschen dort erwarten von uns, daß wir den Schwerpunkten ihrer Region gerecht werden. Dies gilt noch mehr für diejenigen, die der Empfehlung "Fahr mal hin" folgen und die beschriebene Region besuchen. Gerade ihnen müssen die Macher ein realistisches Bild von Bedingungen und Möglichkeiten zeichnen.

"Wir haben die Sendung gesehen, den Titel wörtlich genommen und sind hin gefahren. Und: Es hat uns sehr gut gefallen", so schreiben uns seit Januar 1994 eine Vielzahl von Zuschauerinnen und Zuschauern. Von Anfang an war "Fahr mal hin" eine der meistgesehenen Sendungen des Südwest 3-Programms. Mittlerweile schalten Woche für Woche zwischen einer halben und einer dreiviertel Million Menschen unsere Reise- und Ausflugssendung ein. "Fahr mal hin" als Nachschlagewerk - das haben sich viele Zuschauer gewünscht. Und auch wir denken, daß ein Buch eine sinnvolle Unterstützung der Sendung darstellt. Eine schriftliche Zusammenfassung der Reise- und Ausflugsrouten sowie der vielfältigen Tips ist haltbarer und natürlich auch viel praktischer als ein Fernsehfilm. Nun können unsere Zuschauer vor Ort den Spuren der Autoren folgen.

Ausgewählt und überarbeitet wurden die Beiträge der Filmemacher vom Journalisten und Buchautor Wolf-Günther Gerlach, der die Sendereihe von Anfang an begleitet. Gemeinsam mit den Autoren erstellt er zu jeder Sendung ein Informationsblatt mit den wichtigsten Tips und sorgt dafür, daß dieses möglichst schnell bei den Zuschauern ist. Der gebürtige Hohenloher durchstreift seit vielen Jahren beruflich und privat seine Heimat und den ganzen Südwesten. Auch er hat schon manchen "Fahr mal hin"-Tip ausprobiert und weiß, worüber er schreibt.

Der Verlag hat es ermöglicht, ein attraktives Buch zu einem familienfreundlichen Preis auf den Markt zu bringen. Dafür dankt ihm das gesamte "Fahr mal hin-Team". Nicht immer harmonieren Fernsehen und Buch so gut wie in diesem Fall.

Ihnen allen wünschen wir viel Spaß beim Lesen und vor allem bei den Ausflügen ins "Fahr mal hin-Land".

Ihr Harald Kieffer

Dr. Harald Kieffer ist verantwortlicher Redakteur der Fernsehreihe "Fahr mal hin".

Eine kleine Auswahl aus dem großen "Fahr mal hin-Team". Vorne: Karin Schäfer (Organisation), Hans-Jürgen Schweinberger (Kameramann). Hinten: Inge Krämer (Produktionsleitung), Manfred Eisenbach (Toningenieur), Lothar Behrendt (Grafiker), Helga Hein (Cutterin), Wolf-Günther Gerlach (Buchautor), Manfred Fleck (Cutter), Horst Schäfer (Filmautor)

Übersichtskarte

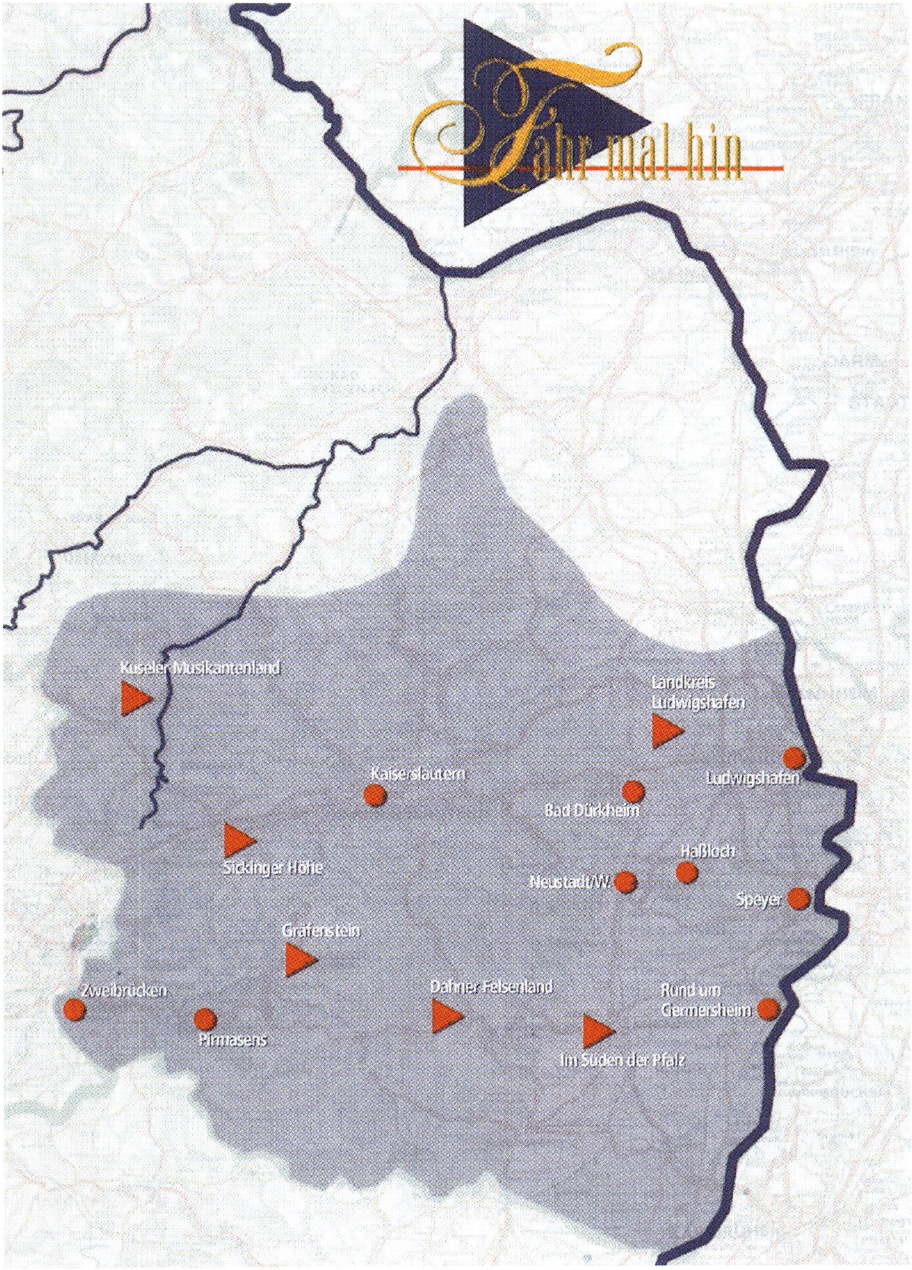

Die größte Stadt der Pfalz – Ludwigshafen

Kiesel am Strand des Rheins, eine mit Laub bedeckte Eichenallee, Sonnenstrahlen durch Baumgeäst - sicher glauben nur wenige, daß solche Bilder aus Ludwigshafen stammen können, wie wir sie für den "Fahr mal hin"-Film einfingen. Ludwigshafen ist erst im vorigen Jahrhundert Stadt geworden und hat sich seitdem in rasantem Tempo von einer kleinen Hafenstadt zum "Ort der Chemie" entwickelt. Der erste Eindruck ist daher meist der von quer durch die Innenstadt gezogenen Autobahnen, von einer phantasielosen Architektur, bunt angestrichenen Betonklötzen, zahlreichen rauchenden Industrieschornsteinen. Erst bei der

näheren Betrachtung entpuppt sich die Stadt mit ihren rund 170.000 Einwohnern als lohnendes Reiseziel.

So darf sich Ludwigshafen sicherlich auch als eine Stadt der Kultur bezeichnen. Und unser Rundblick vom 70 Meter hohen **Rathaus** zeigt: Das Häusermeer wird immer wieder von Alleen und Plätzen aufgelockert. Das Grün bildet einen Gegenpol zu all den Brücken und Hochstraßen, die die Verkehrsprobleme lösen halfen und nun das Stadtbild mitprägen.

Tip: Stadtmuseum

Rund 60.000 Berufstätige pendeln täglich aus dem Umland in die Stadt, die vor 150 Jahren nur 90 Einwohner zählte. Wo heute Stahl- und Betonkonstruktionen den Verkehr tragen, gab es zur Zeit der Stadtgründung einen Marktplatz, der so wasserdurchfurcht war, daß - wie die Pfälzer erzählen - ein Pferd hätte ersaufen können. Für unseren ersten Ausflug sind wir nur ein paar Stockwerke unterwegs, denn das Stadtmuseum ist im Rathaus untergebracht.

Bilder und Modelle veranschaulichen die Entwicklungsgeschichte Ludwigshafens. Zuerst gab es ab 1606 hier die sogenannte Rheinschanze als linksrheinischen Brückenkopf der Festung Mannheim, oft umkämpft, umgebaut und vergrößert. 1824 zerstörte ein Hochwasser einen Teil der Erdwälle und es entstand eine große Ausspü-

lung, die später zum Winterhafen ausgebaut wurde. Ein Handelshaus und einige Wohnhäuser werden errichtet. Die „Bayrisch-Pfälzische Dampfschleppschiffahrtsgesellschaft“ nimmt hier ihren Betrieb auf. Ein Hauptzollamt kommt hinzu. Die Rheinschanze richtet sich auf die Zukunft ein. 1859 erhält die kleine Gemeinde Stadtrechte.

Bald bekommt Ludwigshafen auch einen Bahnanschluß. Die Verbindung zum saarländischen Kohlenrevier wird hergestellt. Mit Rheinhafen und Eisenbahn ist der Ort an die wichtigsten Verkehrswege angeschlossen, was unter anderem zu der rasanten Entwicklung der Badischen Anilin- und Sodafabrik führt. Die ehemals kleine Farbenfabrik hat sich in rund 130 Jahren zu einem der größten Chemieproduzenten der Welt entwickelt.

Ursprünglich eine Art "Rohstoffverkaufsladen" hat die BASF ihre Angebotspalette verändert und produziert jetzt hochveredelte Erzeugnisse. Die weltweite Unternehmensgruppe verkauft über 6.000 Produkte für fast alle Lebensbereiche. 140.000 Menschen arbeiten für die BASF-Aktiengesellschaft. Das Herzstück ist das Stammwerk in Ludwigshafen am Rhein. Eine Fabrikbesichtigung kann zu einem spannenden Erlebnis werden.

Kulturtip 1:
Wilhelm Hack-Museum

Wir stehen vor einer einer 55 Meter langen und zehn Meter hohen farbenprächtigen Keramikwand. Sie ist das Erkennungsmerkmal für das Wilhelm Hack-Museum. Gestaltet hat diesen Teil der Außenfassade niemand Geringeres als der spanische Künstler

Joan Mirò. Damit besitzt Ludwigshafen neben Barcelona und Paris eine der bedeutendsten Wandgestaltungen dieser Art.

Benannt ist das Museum nach dem Kölner Wilhelm Hack, der 1971 der Stadt Ludwigshafen seine bedeutende private Sammlung stiftete. Die Stadt gab die ihre dazu und baute ein Museum drumherum. Einer der Schwerpunkte der Hack-Sammlung sind Kunstwerke des 20. Jahrhunderts, vor allem Arbeiten, die die Entstehung der ungegenständlichen Kunst dokumentieren.
Aber auch religiöse Werke hatte der Kölner gesammelt, mittelalterliche Altäre, Holzstatuen und Gemälde, vorwiegend aus dem Rheinland. Die Künstler, die diese Arbeiten schufen, waren Handwerker im Dienst der Kirche und ihrer Lehre. Christliche Dogmen wurden dargestellt, das Leben und Leiden Christi und die Mutter Gottes mit Kind als Mittlerin zwischen Gott und den Menschen.

Wechselausstellungen von internationalem Format locken jährlich Besucher nach Ludwigshafen. Die Museumsleitung hat es bisher verstanden, dem Interessierten auch die Entwicklung der zeitgenössischen Kunst in anderen Ländern aufzuzeigen. Wir kommen mit unserer Kamera dazu, als Arbeiten des Pragers Zdenek Sykora, eines prominenten Vertreters der tschechischen Avantgarde, für eine Ausstellung vorbereitet werden.

Aber auch das ist das Wilhelm Hack-Museum und Ludwigshafen als Stadt der Kultur: Die heimische Jazzsängerin Jule Neigel gibt ein Konzert, begleitet von Axel Schwarz am Piano. Neben solchen Musikveranstaltungen finden hier das ganze Jahr über Dichterlesungen, Filmvorführungen oder Kleinkunst-Abende statt.

Kulturtip 2: Philharmonie

Wir besuchen ein Orchester, das immerhin schon über 75 Jahre besteht und heute als „Staatsphilharmonie Rheinland Pfalz“ von sich reden macht. Konzertaufführungen mit internationaler Besetzung, Rundfunk-, Fernseh- und CD-Produktionen gehören genauso zu den Aufgaben der Philharmonie wie Konzertreisen von Schweden bis Italien, von Frankreich bis nach Osteuropa. Bedeutende Dirigenten und Solisten musizierten mit diesem Klangkörper: Wilhelm Furtwängler, Richard Strauß, Yehudi Menuhin, Maria Callas oder Gidon Kremer - um nur einige zu nennen.

Die heimatliche Spielstätte der Philharmonie nimmt sich bescheiden aus - im Gegensatz zu dem riesigen "Klotz" des sogenannten Pfalzbaus nahe der Lutherkirche. Er bietet Räume für Konferenzen, Konzerte und Theater. Das jährliche Programm beinhaltet auch Koproduktionen der Ludwigshafener mit anderen europäischen Bühnen, z. B. der Nationaloper Sofia oder der Oper von Montpellier.

Wohnqualität mittendrin

Ludwigshafen hat eine weitere Besonderheit zu bieten. Selten kann man in einer Stadt die Entwicklung des Wohnungsbaues so gut verfolgen wie in diesem Industrieort. Ab 1872 baute die BASF in unmittelbarer Nähe des

Werks Arbeiterhäuser. Vier Wohneinheiten bilden jeweils ein Haus. Und auch hier ist Grün zu entdecken. Efeu rankt sich an den Fassaden empor. Zum Haus gehört ein Garten.
Die Straßenzüge weisen eine reiche Baumbepflanzung auf. Die Mieter sprechen auch heute noch von guter Wohnqualität und erschwinglichen Mieten. "Es ist schöner als in der Stadt", erklärt uns ein Ehepaar. Dabei liegt dieses Wohngebiet aber mitten in der Stadt!
Um die Jahrhundertwende wurde hier auch mit dem Bau von Doppelhäusern für Beamte begonnen. Immer variationsreicher wird dabei der Baustil und die Aufteilung der Wohnfläche. Bemerkenswert an diesen Gebäuden sind die auch für heutige Maßstäbe weit überdurchschnittlichen Wohnflächen von ca. 210 Quadratmetern, großzügige Raumanordnungen sowie der Komfort. Selbst private oder kommunale Mietshäuser haben hier einen individuellen Baustil mit jeweils reich gegliederter Fassade, ganz im Gegensatz zur phantasielosen Architektur moderner Wohnsilos.

Ausflugstip: Vororte

Wir fahren in den Stadtteil **Oggersheim**. Hier interessiert uns vor allem die katholische Wallfahrtskirche "Maria Himmelfahrt". Ursprünglich ließ Pfalzgraf Joseph Karl an diesem Standort um 1730 eine "Loretokapelle" errichten. Die von ihrem Gatten Carl Theodor wegen Ehebruchs verstoßene Kurfürstin Elisabeth Auguste beauftragte Peter Anton von Verschaffelt, die Kapelle mit einer mächtigen Barockkirche zu überbauen. Die Kurfürstin lebte von 1774 bis 1793 gegenüber der Kapelle in einem ländlichen Schloß, das Ende des 18. Jahrhunderts von den Franzosen in Schutt und Asche gelegt wurde. Die 1777 eingeweihte Kirche blieb. In einer kleinen Kapelle entdecken wir eine schwarze Madonna. Sie ließ Pfalzgraf Joseph Karl im italienischen Loreto nach dem Vorbild der dortigen Statue anfertigen. Heute wird die Wallfahrtskirche von Franziskaner Minoriten-Mönchen betreut. Über das Jahr findet hier außerdem eine Reihe von Konzerten statt.

An historischen Bauten ist Ludwigshafen nicht allzu reich. Wir nutzen daher unseren Ausflug, um hier in Oggersheim das alte Gasthaus "Zum Viehof" zu besichtigen. In ihm wohnte Friedrich Schiller 1782 für einige Wochen. Heute sind hier Erstdrucke seiner Werke ausgestellt.

Der Streifzug durch die Vororte führt uns anschließend nach **Oppau**, das über ein gut erhaltenes Jugendstil-Rathaus verfügt. Hier befindet sich ein interessantes Heimatmuseum.

Im Vorort **Ruchheim** stoßen wir auf ein kleines Schlößchen, das sich in seiner Bauart ganz dem ländlichen Stil dieser Gegend anpaßt. Und dann runden wir unseren Ausflug mit dem Besuch des Schlosses im Stadtteil **Maudach** ab.

Ausflugstip: Maudacher Bruch

Wie versprochen, erzählen wir nun das Grün, denn Ludwigshafen hat in der Stadt und ihrer Umgebung viele Parks, Grünflächen und Seen. Wir

spazieren im sogenannten Maudacher Bruch. Es ist eine der vielen Altrheinschleifen, die als stadtnahe Gebiete in erster Linie der Feierabend- und Wochenenderholung dienen. Allein hier, in einem der vier großen Naherholungsgebiete Ludwigshafens, gibt es 30 Kilometer Wander- und zwölf Kilometer Radwege. Es ist eine reizvolle Parklandschaft mit Seen und sumpfigen Wiesen, die sich in einem großen Bogen am Stadtrand hinzieht. Von der kleinen Erhebung Michaelsberg aus ist die weite Schleife des verlandeten Altrheinarms gut auszumachen.

Geheimtip: Weinkellerei der BASF

Da, wo in Ludwigshafen die ersten Arbeiter- und Angestelltenhäuser für die Aniliner entstanden, wurde vor rund 100 Jahren eine Institution geschaffen, die man bei der Badischen Anilin- und Sodafabrik am wenigsten vermutet: die Weinkellerei der BASF. Nicht viele Außenstehende wissen von ihr, obwohl hier für jeden - auch ins Ausland - verpackt und verschickt wird.

In dieser größten Handelskellerei Deutschlands, was die Sorten betrifft, lagern rund zwei Millionen Flaschen. 1.100 verschiedene Weine sind vorhanden, direkt importiert aus bedeutenden europäischen Anbaugebieten, wobei die Pfälzer Weine selbstredend besonders gut vertreten sind.

Bei dem Angebot ausländischer Weine finden sich Spitzenerzeugnisse aus Italien, Spanien, Portugal und natürlich aus Frankreich: Burgund, Elsaß, Loire oder Bordeaux wie ein 1988er Chateau la Tour de Bessac für rund 22 Mark. Die Preise reichen zur Zeit von fünf Mark bis zu rund 165 Mark für die Flasche 1986er Chateau

Mouton Rothschild. Im Verkaufscenter kann sich jeder das Passende aussuchen. Die Weine und Spirituosen sind nicht nur für BASF-Mitarbeiter gedacht. Auch Sonderwünsche werden erfüllt, etwa einen 80jährigen Armagnac für den 80. Geburtstag des Großvaters.

Im historischen Gesellschaftshaus der BASF gleich nebenan werden jährlich kulinarische Weinproben angeboten, an denen auch prominente Gäste teilnehmen.

Kulturtip 3:
Prinzregententheater

Wir machen uns auf, um einen weiteren Stadtteil kennenzulernen: das **Hemshofviertel**. In systematischer Zusammenarbeit von Privatleuten und Stadtverwaltung ist es gelungen, in dem vom Krieg sehr zerstörten Viertel alte Bausubstanz mit moderner Architektur glücklich zu verbinden und - wiederum durch Begrünung - die Wohnqualität zu steigern. In den vergangenen Jahren ist der Hemshof zudem ein "Kneipenmekka" geworden.

Das Straßenschild "Prinzregentenstraße", davor das Werbeschild "Güney Döner" - die Kombination, die wir hier sehen, stellt noch eines der vielen Gesichter Ludwigshafens vor. Von den 170.000 Einwohnern Ludwigshafens sind 30.000 Ausländer. Viele von ihnen leben im Hemshofviertel. Ausländische Geschäfte bilden zusätzliche bunte Farbtupfer und werden von den Deutschen wegen ihres qualitätvollen Warenangebots geschätzt. Einträchtig lebt man hier zusammen. Und auch das findet sich im Viertel: Brunnen, gemauerte Torbögen, Nischen, üppige Vegetation - im Innenhof der Prinzregentenstraße 33 packt uns das Gefühl, in der Toscana zu sein.

Im Prinzregententheater kehren wir aber schnell wieder in die heimischen Gefilde zurück. Auf dem Programm steht zwar Shakespeares "Sommernachtstraum", aber auf derb-pfälzisch. Wer Spaß an Mundart hat, sollte sich eine der Aufführungen in dem 100 Plätze bietenden Haus nicht entgehen lassen. Allein die verspielt-historisierende Ausstaffierung des Theaters hat ihren eigenen Charme.

Kulturtip 4:
"Hemshofschachtel"

Und noch einmal Mundart, jetzt aber in der 1985 eröffneten "Hemshofschachtel". Sie ist eine kleine Bühne mit 82 Sitzplätzen und mit 30 Mann Personal für Spiel und Technik. Intendantin Marie Louise Mott ist für uns keine Unbekannte, sprach sogar schon Texte für den Sender. Unerwartet bei der ersten Begegnung: Die waschechte Pariserin spricht schönstes Pfälzisch. Da trifft sie den Geschmack ihres Publikums, denn das will überwiegend Mundart hören.

Ganz andere Töne dann wieder in der Innenstadt: Gitarre, Banjo, Stehbaß, aber auch skurrilere Instrumentierungen - wir sehen uns beim "Tag der deutschen Straßenmusikanten" die bunte Musikerschar an, die für Unterhaltung sorgt. Wir verbinden dies mit einem Bummel durch die ausgedehnten Ludwigshafener Fußgängerzonen.

Unser Weg führt vorbei an Skulpturen und Plastiken zeitgenössischer Künstler ebenso wie an großen Brunnen. Ein typisches Beispiel steht auf dem **Lutherplatz**. Von der dort im 2. Weltkrieg zerstörten Kirche ist nur der Turm als Mahnmal geblieben. Im ehemaligen Kirchenschiffraum steht heute ein Brunnen, der verspielt an den Reformator erinnert und natürlich auch an seine Frau, die ehemalige Nonne Katharina.

Zuletzt kehren wir wieder zum **Rathauscenter** zurück, das für viele Bürger auch aus der Umgebung Ludwigshafens - nicht nur für Amtshandlungen wichtig ist. Hier gibt es rund 70 Läden, Warenhäuser und Restaurationsbetriebe. Der Gang zu Ämtern läßt sich bequem mit dem Einkaufen verbinden. Und wer danach ein wenig Ruhe braucht, findet im nahen Stadtpark auf der **Parkinsel** Erholung. Zehn Kilometer lange Wege durchziehen das 28 Hektar große Gelände. Ein Trimm-dich-Pfad lockt Freizeitsportler an.

Am Südende der Parkinsel steht die **Pegeluhr** an der Kammerschleuse. Die um 1900 nach Plänen des königlichen Straßen- und Flußbauamtes Speyer errichtete Uhr ist eine Meßeinrichtung zur Bestimmung des Rheinwasserstandes. Sie ist einschließlich der von dem Karlsruher Institut Otto Behm konstruierten Pegelmechanik intakt und funktionsfähig. In der unterirdischen Pegelkammer betätigt ein Schwimmkörper bei wechselndem Wasserstand über ein Kupferseil das Werk der Pegeluhr. Ein Zeigersystem macht die ermittelten Werte sichtbar.

Dieser Beitrag beruht auf der Grundlage des Films von Eberhard Schulz.

So kommt man hin
Ludwigshafen liegt im Rhein-Neckar-Dreieck und ist verkehrstechnisch sehr gut erschlossen.
Mit dem Zug: Vom Ludwigshafener und Mannheimer Hauptbahnhof aus ist die City in fünf Minuten erreichbar. Die Verkehrsbetriebe Ludwigshafen gehören zusammen mit 20 weiteren Verkehrsunternehmen dem Verkehrsverbund Rhein-Neckar an.
Mit dem Auto: über die A 6, die A 61 oder über die A 66 nach Ludwigshafen.

Touristische Informationen
Tourist-Information LUBEGE
Ludwigshafener Betriebsgesellschaft mbH
Pavillon am Hauptbahnhof
67059 Ludwigshafen

Tel.: 0621-51 20 35
Fax: 0621-62 42 95

Lieblingsplätze und Sammlerschätze – Der Landkreis Ludwigshafen

Das Wasser und die flache Landschaft haben im Landkreis Ludwigshafen ihren besonderen Reiz. Hier lohnt es sich, auf Entdeckungsreise zu gehen. Beispielsweise mit dem Fahrrad, das in den "pfälzischen Niederlanden" das geeignete Fortbewegungsmittel ist. Zwischen Altrheinarmen und Baggerseen läßt sich so manch Ungewöhnliches erkunden. Wer denkt hier beispielsweise schon an Dünen oder das Gedeihen von Kiwis?

Für unseren Ausflug in den Landkreis Ludwigshafen haben wir einen waschechten Pfälzer als Reiseleiter gewonnen: Willi Bartholomä. Kaum einer kennt die Dörfer, die Menschen und die unzähligen Seen und Flüßchen rund um Ludwigshafen besser als er. Wir treffen ihn an "seinem" Weiher, wie er ein kleines Stückchen der riesigen Wasserlandschaft in der Nähe von Dannstadt nennt. Willi Bartholomä erzählt uns von der besonderen Bedeutung, die das Wasser in dieser Gegend hat. Insgesamt besitzt der Landkreis Ludwigshafen mehr Wasser als beispielsweise die Stadt Berlin. Im renaturierten Naturschutzgebiet **"Mechtersheimer Tongrube"** gibt es seltene Tiere und Pflanzen. Außerdem ist hier ein kleines Paradies für Angler.

Vor allem die Altrheinarme mit ihren unzähligen Flußkrebsen sind Lebensraum für die einen, Freizeitgelände für die anderen. Im Winter ist es hier beschaulich. Im Sommer allerdings ist dies kein Ort für den, der Ruhe sucht. Auf einem riesigen Dauercampingplatz schlagen manchmal bis zu 10.000 Camper ihre Zelte auf.

Ein wasserreicher Lebensraum ganz besonderer Art ist die Auwaldlandschaft im Rheinvorland. Die urtümlich anmutende Gegend ist Heimat für uralte Bäume. Dicht nebeneinander wachsen hier von der Flut genährte Eichen, Ahorn, Eschen, Buchen, Birken, Silberpappeln und überall die mächtigen Schlingarme der Waldrebe bis in die Wipfel der alten Baumriesen. Im Dunst und Nebel des Tümpelnetzes und der Altarme kann man hin und wieder auch Reiher beobachten.

Ein Spaziergang in dieser einmaligen Auenlandschaft wird durch zahllose schillernde Insekten, seltene Amphibien und Schmetterlinge zu einem Seh- und Hörerlebnis. Bei unserer Entdeckungsreise treffen wir den Schmetterlingssammler und Insekten-Forscher Erich Bettag. Er hat viele tausend Pfälzer Schmetterlinge ins Netz bekommen. Von ihm erfahren wir, daß es in der Pfalz ungefähr 2.800 Schmetterlingsarten gibt. Nicht nur Schmetterlingen gilt seine Leidenschaft. Immerhin trägt ein hier entdeckter Käfer seinen Namen.

Badetip: Thermen des Binshofs

Mitten zwischen all den Seen und Auenwäldern erwartet den Besucher nochmals Wasser, allerdings ganz besonderes. Der **Binshof**: Thermen in mediterranem Ambiente. Hier sollte man nicht einfach nur schwimmen oder saunen. Hier kann man Kaiser sein für eine Stunde: im Kaiserbad, einer Nachbildung der Badewanne von Kaiserin Sissi, oder eine von 1001 Nächten im orientalischen Rasul, unter illuminiertem Sternenhimmel verbringen. Hier gibt es übrigens auch komfortable Übernachtungsmöglichkeiten.

Tip für eine Fahrradtour

Wer gern ein wenig sportlich seine Freizeit verbringt, hat mit dem Fahrrad beste Chancen, fast überall hin zu kommen. Das Radwegenetz ist ausgezeichnet ausgebaut. Unser pfälzischer Begleiter hat auch gleich einen Tour-Vorschlag: nördlich von **Dannstadt** ab **Maxdorf** durch den Birkenwald bei **Birkenheide** und dann Richtung **Bad Dürkheim** durch den Dürkheimer Bruch. Empfehlenswert ist auch die Fahrt über die Bermenwege, die am Rhein entlang auf den Dämmen angelegt sind.

Tip für Wassersportler: Silbersee

Sportlich geht es auf dem Silbersee im Norden des Landkreises bei Bobenheim-Roxheim zu. Hier können sich Wassersportler austoben. Die bekannte Tochter der Stadt, Jutta Müller, hat auf dem Silbersee ihre ersten Versuche mit Brett und Segel gemacht. Heute ist sie Weltmeisterin in ihrer Disziplin, dem Surfen. Auch Segler und Ruderer sind hier willkommen.

Gefeiert wird beim Gondelfest

Einmalig außerhalb Italiens ist das Gondelfest von **Bobenheim-Roxheim**. Normalerweise herrscht absolutes Exportverbot für Gondeln aus Venedig. Doch die findigen Pfälzer hatten eine Idee. Eine Dorfdelegation reiste zu den Bregenzer Festspielen und ersteigerte die besonderen Stükke, die dort als Requisiten dienten. Dann bauten sie noch eine eigene Rialto-Brücke. Gefeiert wird das Fest auf den Wasserstraßen jedes Jahr im Juli.

Was in mildem Klima gedeiht

Überall im Lankreis gibt es heute noch große landwirtschaftliche Güter. Der **Littersheimer Hof** war einst ein Kloster, deshalb nennen ihn die Leute auch Nonnenhof. Seit 1850 ist das mächtige Anwesen in Familienbesitz.

In der Nähe des Hofes finden wir einen Eichenwald mit Geschiche: Vor etwa 200 Jahren haben die Bauern der Gegend beschlossen, jeweils eine Eiche zu setzen, damit in der Not etwas da sei, worauf man zurückgreifen könne. Heute stehen die Bäume unter Schutz. Wenn man Glück hat, trifft man im Wald auf besondere Bewohner: Im Schutze der Bäume lebt eine große Anzahl von Wildschweinen.

Die Landwirtschaft prägt überall die ebene Landschaft zwischen Rhein und Wein. Der ausgesprochen fruchtbare Lößboden und ideale Klimaverhältnisse lassen auch so "schwierige" Pflanzen wie Kiwis und Melonen recht üppig gedeihen. Auf mehr als 4.000 Hektar werden Kartoffeln angebaut, die "Pälzer Grumbeere". Überall gibt es Zwiebeln, Radieschen und Spargel. Auch die Spitznamen, die die Leute hier füreinander haben, zeugen davon. Die Dannstadter heißen nur die Ochsen, die Fußgönnheimer sind die Schnaken, die Schifferstadter die Rettiche und die Rheingönnheimer die Grumbeere. Die Pfälzer hätten übrigens nichts dagegen, wenn demnächst neben der Deutschen Weinstraße auch die Deutsche Frühkartoffelstraße durch ihr Land verliefe.

Museen - hier Kartoffeln, dort Automaten

Das Deutsche Kartoffelmuseum nennen sie bereits jetzt ihr eigen. So machen wir uns auf nach **Fußgönnheim**. Thema des Museums: Die Kartoffel und ihre kulturhistorische Bedeutung. Hier finden wir zum Beispiel das Kartoffellied von Matthias Claudius:

Schön rötlich die Kartoffeln sind
und weiß wie Alabaster.

Sie däun sich lieblich und geschwind
und sind für Mann und Frau und Kind
ein rechtes Magenpflaster.

Das Museum zieht bald um, nur ein paar Meter weiter. Aber dann wird es noch attraktiver, sagen die Leute vom Kartoffelverein. Sie haben sich einen ungewöhnlichen Ort ausgesucht: Die Synagoge, in der 1928 der letzte Gottesdienst stattfand, und die in den letzten Jahren als Lagerhalle mißbraucht wurde, wird gerade für das Kartoffelmuseum renoviert.

Direkt in der Nachbarschaft ist das prächtige Hallberg-Schloß mit Kapelle und Schloßgarten. Es beherbergt das Heimatmuseum, mit allem, was ein solcher Ort nur bieten könnte - u. a. einer Pfälzer Küche aus Urgroßmutters Zeiten, Fotos und Urkunden aus der Dorfgeschichte, und im Museumskeller fast vergessene landwirtschaftliche und Handwerks-Geräte.

Von Zeit zu Zeit kann man einem Zigarrenmacher beim Rollen von Zigarren auf dem alten Arbeitstisch zusehen oder eine Klöpplerin beim Flachshecheln beobachten.

Und auch hier begegnet man wieder der Kartoffel: Neben einer Kartoffelsteckmaschine gibt es Kartoffeldämpfer und eine Kartoffelsortiermaschine.

Ein ganz anderes, aber keinesfalls weniger interessantes Museum hat Holger Laub in **Dannstadt-Schauernheim** eingerichtet. Fast alle Attraktionen seines außergwöhnlichen Automatenmuseums funktionieren noch.

Naturtip: Sanddüne im Binnenland

Bei unserer Reise durch den Süden des Landkreises glauben wir bei **Dudenhofen** unseren Augen nicht zu trauen: eine Sanddüne im Binnenland. Dieses in der weiteren Umgebung einmalige Naturereignis ist vor einer Million Jahren entstanden. Unser Schmetterlingssammler Erich Bettag beobachtet hier seit 25 Jahren die Fauna, und er hat Bemerkenswertes zu berichten. Das zur Zeit als Truppenübungsplatz der Bundeswehr genutzte Gebiet ist vor allem ein friedlicher Lebensraum für Kreuzkröten und Sandlaufkäfer, Eidechsen und natürlich Schmetterlinge.

Übernachtungstip

Als Schlafplatz haben wir uns eine ehemalige Mühle gleich um die Ecke ausgesucht, die heute zu Restaurant und Hotel ausgebaut ist. Die **Freie Neumühle am Diebsstein** war schon immer eine Herberge, allerdings eine der besonderen Art. Schon im 15. Jahrhundert konnte man hier einkehren, für genau drei Tage bzw. sechs Wochen, wenn man denn ein Geächteter war, ein Schwerverbrecher etwa. Hier ward solchen Halunken Asyl gewährt - der Diebsstein erzählt's.

Tip: Kunst im Schloß

Im Schloß leben und arbeiten - für den Druckgrafiker Paul Schandin ein wahrgewordener Traum. Wir besuchen den renommierten Künstler im **Schloß Kleinniedesheim**, in dem er schon über zehn Jahre lebt und arbeitet. Das schöne Gemäuer beherbergt das öffentliche Atelier und die Wohnung des Künstlers. Bei Ausflüglern ist das Schloß ein beliebtes Ziel. Sie können die Zeichnungen und luftige Objekte (Holz, Kordel) von Schandin anschauen oder sogar unter seiner Anleitung zeichnen oder radieren lernen. Die Kreisvolkshochschule ermöglicht dieses Angebot.

Natürlich legen auch die hiesigen Pfälzer großen Wert aufs Feiern. Und oft erinnern sie damit an historisch bedeutsame Ereignisse. So feiern die **Böhl-Iggelheim**er immer am "Sommertag", am 3. Sonntag nach Ostern, das "Lätarefest". Hier wird dem "Iggelheimer Weckvermächtnis" gedacht, bei dem einst der Hunger Pate stand. Im 17. Jh. haben zwei unverheiratete Schwestern der Gemeinde einen Acker vermacht, mit der Bedingung, daß am Lätare-Tag jedem ledigen Gemeindemitglied ein Weck (damals 800 Gramm) geschenkt wird.

Unsere kleine Reise durch den Landkreis Ludwigshafen mit all den Lieblingsplätzen und Sammlerschätzen beschließt unser Begleiter Willi Bartholomä mit einem Gedicht über die Menschen in seiner Heimat.

Die Mensche in de Palz am Rhoi,
die missen ääfach luschdisch soi.
De Woi, des wääß mer, leest die
Zung
unn hält ääm aa viel länger jung.
Die Leit sinn friedlisch, tolerant,
Dofor sinn se jo weltbekannt.
Sie feiern gäärn unn hänn Humor,
die Pälzer Leit sinn ääfach klor.

Dieser Beitrag beruht auf der Grundlage des Films von Heidrun Wieser.

Die Rezepte von Helga Bartholomä

Franzosensuppe

Aus etwa 500 g Suppenfleisch mit Suppengrün 1 Liter Fleischbrühe herstellen.

Zutaten (kleingeschnitten bzw. gewürfelt):
1 Stange Lauch, 1 Kohlrabi, 1 Stck. Sellerieknolle, 3 Möhren, 250g Kartoffeln und 200g Erbsen

Zubereitung:
Das Gemüse mit etwa 1/4 l Wasser und etwas Salz nicht zu weich kochen, Fleischbrühe zugießen. Das Suppenfleisch kleinschneiden und zur Suppe geben, mit Petersilie servieren. Diese Suppe wird gerne auch in der Erdbeerzeit zu einem "Erdbeerdeckel" (Bisquitboden mit Erdbeeren belegt) gereicht.

Kirschenplotzer

Zutaten / Zubereitung:
10 ca. 2 Tage alte Brötchen in 1 l Milch mit 50g Zucker einweichen. Masse ausdrücken und mit der Hand etwas zerpflücken.

125g Butter, 100g Zucker, 1 Vanillezucker, 4 Eier zusammen schaumig rühren und unter die Brötchenmasse mischen.

150g gehackte Mandeln, 1 Teelöffel Zimt, 3 - 4 Pfund Kirschen dazumengen, in eine 28er oder 30er gefettete, mit Weckmehl ausgestreute Springform geben, Mandelblättchen aufstreuen und bei mittlerer Hitze 5/4 Std. backen. In der Form auskühlen lassen.

"Ausgeschöppte Knöpp"

Zutaten / Zubereitung:
3 Pfund mehlige Kartoffeln schälen, in Scheiben schneiden, mit wenig Wasser und Salz garen. Die gekochten Kartoffeln (noch vorhandenes Kochwasser abschütten) bei geringster Hitzezufuhr mit einem hölzernen Kartoffelstampfer zerdrücken und dabei ca. 200g Mehl untermischen. Die Masse ist gut, wenn unten am Stampfer nichts mehr hängen bleibt.

In reichlich Butter Weißbrot- oder Brötchenwürfel rösten, mit einem Eßlöffel, den man in die flüssige Butter taucht, Nocken abstechen, auf einer warmen Platte anrichten und die gerösteten Würfel mit der flüssigen Butter darübergeben. Dazu wird eingemachtes Obst gereicht.

Dampfnudeln

Zutaten / Zubereitung:
1/4 l Milch erwärmen (bis zu 40 Grad), 1 Würfel Hefe darin auflösen. 1 schwachen Teelöffel Salz, etwas geriebene Muskatnuß, 1 Ei, 75g Zucker, 1 Pfund Mehl und 80g weiche Margarine zu einem Teig verarbeiten. Den Teig ca. 20 Min. gehen lassen. Teig wieder zusammenschlagen, 12 Teigbälle formen und auf ein mit etwas Mehl bestäubtes Küchentuch setzen, mit einem anderen Tuch abdecken und wieder 20 - 30 Min. gehenlassen.

Den Boden einer beschichteten Pfanne (mit Deckel) gut mit Öl bedecken, heiß werden lassen, eine Tasse mit Salzwasser (1/2 Teelöffel Salz) dazugeben, 6 Nudeln einsetzen, mit dem Deckel verschließen und ca. 13 - 15 Min. bei verminderter Hitze garen.

Die Dampfnudeln müssen nun Krusten bilden. Pfannendeckel während des Garens nicht öffnen. Vor dem Öffnen die Pfanne etwas schräg halten, damit das Wasser am Deckel zur Seite laufen kann. Dann schnell den Deckel öffnen, die Nudeln herausnehmen und gleich wieder die nächste Runde vorbereiten und abbacken.

Dampfnudeln werden zu Bohnen- oder Linsensuppe gereicht, auch Kartoffelsuppe kann man dazu essen. Empfehlenswert ist zu Dampfnudeln aber auch was Süßes: gekochtes Dörrobst, Vanillesoße oder aber eine Weinsoße.

Weinsoße

Zutaten / Zubereitung:
1/2 l Wein (z. B. Morio Muskat), etwas Wasser, 3 Eier, 1 gestr. Eßlöffel Mondamin, 4 EL Zucker, 1/2 St. Zimt

Zutaten auf dem Herd gut verschlagen, kurz vor dem Kochen von der Platte nehmen und unter Rühren erkalten lassen.

So kommt man hin
Mit dem Zug: Ludwigshafen, Frankenthal und Schifferstadt sind nächstgelegene, in den Rheinland-Pfalz-Takt einbezogene Bahnhöfe, von denen eine Weiterfahrt in den Landkreis Ludwigshafen möglich ist.
Mit dem Auto: Den Landkreis durchziehen mehrere Autobahnen, darunter die A 6, A 61, A 65, mit Abfahrten zu den meisten Orten.

Touristische Informationen
Landkreis Ludwigshafen
Referat für Naherholung
und Fremdenverkehr
Europaplatz 5
67063 Ludwigshafen

Tel.: 0621-5909-428
Fax: 0621-5909-623

Die Stadt am Dom – Speyer

Jedes Jahr kommt fast eine Million Tagestouristen nach Speyer - und viele von ihnen sehen dann doch kaum mehr als den Dom oder die spektakulären Ausstellungen im Historischen Museum der Pfalz. Schade, denn Speyer hat mehr als nur diese beiden Highlights zu bieten. "Geheimtips" haben wir dazu auch von unserer Kollegin Judith Kauffmann erhalten. Die Südwest 3-Moderatorin ist nicht nur überzeugte Pfälzerin, sondern mittlerweile auch nicht weniger überzeugte Speyererin. Speyer ist eine der ältesten Städte Deutschlands. Weitläufige Wiesen um den Dom herum, Plätze und Straßencafés verbreiten besonders in der wärmeren Jahreszeit mediterranes Flair.

Bei schönem Wetter läßt sich aber auch der Blick von oben genießen. Wir lassen uns dazu von Gundolf Frost in seinem Ballon mitnehmen. Er betreibt in Speyer ein Luftfahrtunternehmen und ist spezialisiert auf Ballonfahrten.

Der "kulinarische" Tip: Die Brezel

Aus luftiger Höhe betrachtet können wir uns nicht so recht entscheiden: Liegt Speyer nun eher am Rhein oder ist es die Stadt am Dom? Das Kirchenbauwerk mit Krypta und Kaisergräbern ist aber sicherlich die Sehenswürdigkeit Nr. 1. Zu seiner Besichtigung kann man sich einer der zahlreichen Führungen anschließen.
Gleich zu Beginn eines Rundganges sei eine Attraktion ganz anderer Art eingeführt: die Brezel. In Speyer beansprucht man sogar, diese Spezialität schon in vorchristlicher Zeit erfunden zu haben. Das jährlich stattfindende Brezelfest kündet davon.

Doch auch abseits dieses dreitägigen Festes ist die Laugenbrezel aus der Stadt nicht wegzudenken. Schon morgens ziehen Verkäufer durch die

Cafés, später durch die Kneipen, und bieten das verschlungene Backwerk an. Besonders interessant ist die Herstellung des Speyerer "Grundnahrungsmittels". Wir verfolgen sie mit unserer Kamera in der **Lauergasse** bei **Bäckermeister Berzel**. Mehl, Hefe, Salz, Fett und Wasser zusammengeknetet, dann eine Art Teigwurst gedreht, mit harmonischer Handbewegung verschlungen und ab ins Laugenbad. Die einst als Fastenspeise gedachte Brezel kann man sich hier direkt aus der Backstube abholen. Mit der Tagesration ausgestattet wagen wir unseren ersten Ausflug.

Der Dom - Wahrzeichen der Stadt

Und so stehen wir als erstes vor dem Dom, einem "Gebirge" aus buntem Sandstein. Um das Jahr 1030 war der Grundstein zu dem Bau gelegt worden. Und von Anfang an war der Dom mehr als nur Bischofssitz. Kaiser Konrad II. ließ hier die größte romanische Kirche der Welt errichten, ein Symbol für das himmlische Jerusalem und zugleich ein Monument für die weltliche Macht des Kaisers. Vom ursprünglichen Bau ist allerdings nur ein Teil noch erhalten, der von diversen Katastrophen verschont blieb, die die Stadt heimsuchten.

Die Dimensionen sind gewaltig: 134 Meter ist das Mittelschiff lang, 34 Meter hoch. Und obwohl die Mauern an manchen Stellen bis zu acht Metern dick sind, wirkt das Innere des Domes auf uns hell und freundlich - ungewöhnlich für eine romanische Kirche. Die **Krypta** - also eine Kirche unter der Kirche - ist der älteste Teil des Domes. Sie wurde im Jahre 1041 geweiht. Zwei Jahre zuvor war der Domgründer Kaiser Konrad hier beigesetzt worden - der erste von acht Kaisern und Königen, die ihm später in die Kaisergruft folgten. Dazu gehörte Rudolf von Habsburg, dessen Grabrelief im Eingang zur Gruft zu sehen ist.

Lange Zeit war unklar, ob die Kaiser und Könige tatsächlich noch im Dom begraben lagen. Speyer war im 17. Jahrhundert fast vollständig zerstört und geplündert worden. Eine Grabschändung war also nicht auszuschließen. Daher machte sich am 16. August 1900 eine Kommission aus Kirchenmännern und Beamten auf die Suche nach den verschollenen Herrschern. Man begann im Altarraum zu graben und hatte Erfolg. Innerhalb weniger Wochen wurden sämtliche Kaisergräber freigelegt. Die meisten waren unversehrt. Wertvolle Grabbeigaben wie beispielsweise Fingerring, Grabkrone und Kronhaube Heinrichs IV. sowie die Grabkrone Konrads II. sind daher heute in der Domschatzkammer des Historischen Museums zu besichtigen.

Geheimtip: Der Dachboden des Doms

Mit etwas Glück läßt sich der Kirchenbau auch von einer anderen Seite betrachten. Mindestens einmal wöchentlich steigt Hubert Sedlmair, der Domcustos, auf den Dachboden hinauf. Er ist für die Pflege des Domes verantwortlich. Manchmal dürfen ihn besonders interessierte Besucher begleiten. Ein "Fahr mal hin"-Team darf sich da sicher dazurechnen. Wir folgen ihm also mit unserer Kamera. "Wenn man hier heraufkommt und oft stundenlang rumsteigt über Stiegen und Wendeltreppen bis zu den Glocken und über die Gewölbe nach vorne durch das Hauptschiff, dann kann man schon leise erahnen, was es an menschlichen Kräften gekostet hat, diesen Bau zu errichten", schildert er seine Eindrücke. Bis zu 2.000 Menschen arbeiteten an der Errichtung des Domes, der in nur 30 Jahren hochgezogen wurde.

Da durch die vielen Besucher im Dom noch ein gewisser Geräuschpegel herrschte, so staunen wir über die ungewöhnliche Ruhe über den Gewölben. Sie wird noch unterstrichen durch die stillstehenden Zahnräder der alten Domuhr, denn die Zeit mißt man heutzutage elektronisch. Als wir die Außengalerien erreichen, öffnet sich vor uns ein großartiges Panorama - der Dom und die Stadt.
Das Kameraauge erfaßt aber auch Brandspuren, die sich noch heute an den Außenmauern erkennen lassen. Sie stammen aus dem Jahr 1689, als die Franzosen im pfälzischen Erbfolgekrieg auf Befehl Ludwigs XIV. Speyer in Schutt und Asche legten. Ursprünglich sollte der Dom verschont bleiben, doch Funkenflug setzte auch ihn in Brand.

Rundgang: Das "historische" Speyer

Einige Gebäude haben das Flammeninferno überstanden. Dazu gehört das mittelalterliche Stadttor, das **Altpörtl**. Der Platz, an dem es 1230 erbaut wurde, ist kein Zufall. Dem Dom genau gegenübergelegen, demonstrierte die Speyerer Bürgerschaft damals auf

diese Weise ihr Selbstbewußtsein gegenüber Kaiser und Klerus. Gleich hinter dem Dom, in den Domgärten, steht das von den Einheimischen so benannte **"Heidentürmchen"** - der andere unversehrte Teil der Stadtmauer.

Ebenfalls aus dem Mittelalter erhalten geblieben ist der **Judenhof**. Ende des 11. Jahrhunderts hatte der Bischof von Speyer Juden aus Mainz und Worms hierher geholt. Von den im Fernhandel erfahrenen Kaufleuten versprach er sich Wohlstand für die ganze Stadt. Handwerker der Dombauhütte errichteten für sie ein unterirdisches **Ritualbad**, das jahrhundertelang von gläubigen Juden genutzt wurde. Wie es das mosaische Gesetz vorschrieb, reinigten sie sich hier, wenn sie mit unreinen Dingen in Berührung gekommen waren. Das eiskalte Wasser des Bades wird übrigens von einer unterirdischen Quelle gespeist. Im Judenhof steht eine Plastik des Speyerer Künstlers Wolf Spitzer. Sie mahnt an Leid und Verfolgung. Während unseres Rundgangs stoßen wir immer wieder auf idyllische Ecken. So paradox es klingen mag, aber Speyer verdankt wahrscheinlich der Zerstörung im 17. Jahrhundert seinen heutigen "grünen" Charakter. Lange erholte sich die Stadt nicht von diesem Schlag, verpaßte den Anschluß an die Industrialisierung im 19. Jahrhundert. Das war wiederum ein Grund, daß sie im 2. Weltkrieg weitgehend von Bomben und später von den Bausünden der Nachkriegszeit verschont blieb.

Ausflugstip: Auf den Spuren der Fischer und Schiffer

Beim Gang durch die **Altstadt** kann man sich davon überzeugen. Sie be-

ginnt gleich hinter dem Dom, jenseits der Sonnenbrücke. Einst war dies die Vorstadt, das Armenviertel. Hier lebten Fischer, Schiffsbauer und Fährleute, denn bis ins späte Mittelalter war Speyer die Stadt der Fischer und Schiffer. Ihre niedrigen, geduckten Häuser stehen noch, sind aber heute renoviert.
Schon während der Ballonfahrt fiel uns die weitverzweigte Rheinauenlandschaft auf, die sich um Speyer befindet. Hier fahren die großen Schiffe vorbei, seitdem der Fluß im vergangenen Jahrhundert begradigt wurde.

Wir schließen uns einer Fahrt mit Werner Streib an. Jeden Tag um 15 Uhr fährt er mit seinem Ausflugsboot in den Reffenthaler Altrhein. Eine Flußlandschaft mit verblüffender Exotik wartet auf uns. Seltene Vogelarten lassen sich hier beobachten. Große Teile der Auenlandschaft stehen unter Naturschutz.

Tip:
Kunst und (Lebens-)Künstler

Wer Ruhe und Abgeschiedenheit liebt, kann dies auch während eines Spaziergangs durch die Rheinauen erfahren - wie beispielsweise Fred Feuerstein. Hier treffen wir den Speyerer Künstler, der in der Natur Anregung und Inspiration für seine Aquarellmalerei findet. Er führt uns am nächsten Tag durch sein Atelier in der ehemaligen Steinerschen Parkettfabrik an der **Hasenstraße**, wo eine ganze Reihe von Künstlern ihr Domizil hat.
Draußen erklingen Hammerschläge. Christian Uhl arbeitet gerade an einem überdimensionalen Kopf. Wir können zusehen, wie er diesen aus

dem Holz herausmodelliert, denn die Künstlerkolonie führt ein offenes Haus. So findet man Gelegenheit, den Kunstschaffenden über die Schulter zu schauen, vielleicht sogar ins Gespräch zu kommen oder sich an fertigen Ausstellungsstücken zu erfreuen. Kunstinteressenten sollten sich einen Besuch nicht entgehen lassen.

In der **Schöngasse 17** fällt unser Blick auf eine Unzahl von Bildern, Büchern, Fotos, Töpfen, Lampen. Wir sind bei Rolf Berzel, einem Künstler anderer Art: Flohmarktbesitzer, Philosoph, Lebenskünstler. Er betreibt seinen Trödel- und Antiquitätenladen nahe des Doms schlitzohrig nach eigenen Gesetzen, taxiert seine Kundschaft genau. Wortkarg oder redefreudiger - ob man ihm sympathisch oder weniger sympathisch ist, merkt der Besucher beim Gespräch.

Tip: Technik - Flugzeug, U-Boot und die Klangkonserven

Von den käuflichen zu den unverkäuflichen Dingen: Das **Technikmuseum** in Speyer ist mittlerweile eine Attraktion der Stadt. Immerhin ist dort Europas größte Privatsammlung zur Geschichte der Technik zu sehen. Die Fülle der Ausstellungsstücke - vom Flugzeug bis zum Automobil - führt bereits zu Platzproblemen. Da geht ein wenig der Blick dafür verloren, daß die Halle selbst ein Museumsstück ist. Im 1. Weltkrieg wurde sie von deutschen Truppen im französischen Lille Stück für Stück abgebaut und in Speyer wieder zusammengeschraubt. Danach lief in den Pfalz-Flugzeugwerken die Produktion für einen Teil der deutschen Kampfflugzeuge an.

Das spektakulärste Ausstellungsstück ist aber kein Relikt aus vergangenen Kriegstagen, sondern stach noch bis 1993 in See: "U 9", ein ausgemustertes U-Boot der Bundesmarine. Nach Speyer kam es dann in einer großen Überführungsaktion per Schiff und Sattelschlepper. Wir zwängen uns mit der Kamera in den Bauch des stählernen Kolosses. Der Blick auf den früheren Einsatzplatz von 20 Mann Besatzung ist ein Muß für jeden Technikbegeisterten. Übrigens: Die alte Mannschaft aus Wilhelmshaven stattet ihrer "U 9" sogar noch hin und wieder einen Besuch ab.

Technische Meisterwerke sind auch die klingenden Apparate in der Abteilung Musikmaschinen. Restaurator Gotthard Arnold macht uns auf die schönsten Stücke aufmerksam, erklärt uns die Funktion. Da erklingt aus einer Walzenspieldose aus dem Jahr 1870 eine Musikkonserve - aufgenommen im vorigen Jahrhundert, aber immer noch von feinstem Klang. Die Hupfeld-Zimmergeige von 1910 spielt ohne menschliches Zutun mehrere Streichinstrumente. Staunend stehen wir auch vor einem edlen Stück, das einst im Besitz des Kalifen von Bagdad war.

Der Wein in Theorie und Praxis

Da wir in der Pfalz sind, kommen wir auch in Speyer an einem weiteren Thema nicht vorbei: dem Wein. Wir nähern uns dem Rebensaft allerdings erst einmal theoretisch. Im **Historischen Museum** der Stadt steht beispielsweise der älteste Wein der Welt: eine Originalabfüllung aus dem 3. Jahr-

hundert. Nicht weniger ungenießbar, aber genauso bestaunenswert: Weine aus der ehemaligen königlich bayrischen Hofkellerei. Die Flaschen waren einst im Besitz Ludwigs III., dem letzten bayrischen König.

Um einen heute gekelterten Tropfen zu genießen, braucht man in Speyer keine lange Suche zu beginnen. Man rühmt sich hier, bezogen auf die Einwohnerzahl hinter Berlin die zweitgrößte Kneipendichte der Republik zu haben. Wir wählen den Keller des **"Alten Engel"** aus. In gemütlicher Atmosphäre kann man hier nochmals die Bilder des Ausfluges zur Stadt am Dom Revue passieren lassen ...

Dieser Beitrag beruht auf der Grundlage des Films von Thomas Michel.

So kommt man hin
Mit der Bahn: Speyer liegt an der Strecke Schifferstadt-Germersheim. Aus Richtung Norden/Westen kommt man über Mannheim und Ludwigshafen nach Speyer, aus Richtung Süden über Karlsruhe und Wörth oder über Bruchsal und Graben-Neudorf.
Mit dem Auto: auf der A 6 zum Dreieck Hockenheim, weiter auf der A 61 bis zum Speyerer Kreuz

Touristische Informationen
Städtisches Verkehrsamt Speyer
Maximilianstraße 11
67346 Speyer
Tel.: 06132-14392
Fax: 06132-14239
Domführungen:
Bischöfliches Ordinariat in Speyer,
Tel.: 06132-102-206
Ballonfahrten:
Gundolf Frost, Tel.: 06132-77117

Teufelskraut und Steingeschichten – Rund um Germersheim

Germersheim, Jockgrim, Schwegenheim, Rheinzabern - wir befinden uns etwa auf halbem Weg zwischen Speyer und Karlsruhe. Idyllische Dörfer liegen am Weg entlang des "pfälzischen Rheins", historische Bauten lassen sich entdecken. Die Landschaft ist eben, ideal also, um sie per Rad zu erkunden. Ein unverwechselbares Gesicht geben dem Landstrich die hölzernen Tabakschuppen. Und wer zwischen Juli und September hierher fährt, der sieht ihn blühen, den Tabak. Das milde Klima und die leichten Lehm-Sand-Böden sind die idealen Bedingungen für das Wachstum der Pflanzen.

Angepflanzt hat solche zuerst der Pfarrer in **Hatzenbühl** im eigenen Kirchgarten. Damals, im Mai 1573, galt der Tabak noch als Heilkraut.

Die Kunst der Tabakverarbeitung

Mehr als 400 Jahre später besucht unser "Fahr mal hin"-Team einen "Nachfolger" des frühen Tabakbauers: Werner Schmitt. Als der klein war, lebten im Dorf außer dem Pfarrer und dem Lehrer alle vom Tabak. Heute ist das nicht mehr so. Noch immer aber ist das Kraut wichtig. Einzeln, vom langsam fahrenden Traktor aus, werden Setzlinge per Hand in den Boden gesteckt.

Beim Besuch im Tabakschuppen können wir uns überzeugen, daß auch ein wenig Artistik dazugehört. Nach der Ernte, spätestens im September hängen die Bauern hier die Blätter zum Trocknen auf. Vielfach ist dies noch Handarbeit für Schwindelfreie. Werner Schmitt steigt unter das Dach, um die letzte Partie aufzuhängen. In vier Stufen hat er jede Tabakpflanze abgeerntet, die Blätter "eingenäht", d. h. mit Fäden zusammengefaßt. Im Holzschuppen können sie lufttrocknen. Das hält ihr Aroma, sie sind kräftig und weniger süß.

Dann demonstriert uns der Tabakbauer, was es heißt, die Ware "marktfertig" zu machen. Jedes einzelne Blatt wird vom Nähfaden befreit, geprüft, aussortiert, glattgestrichen. Doch noch ist es nicht Zeit, daraus Zigarren oder Zigaretten herzustellen. Der Tabak kommt zuerst noch in einen Fermentierbehälter. Das Kraut muß gären, erst dann ist es gut.

Tip: Handwerk im Stadt- und Festungsmuseum

Einer beherrscht allerdings die hohe Kunst des Zigarrenrollens noch: Franz Hänlein, Zigarrenmeister aus dem pfälzischen Hördt. Der 81jährige ist mit dem Tabak alt geworden, der seine Heimat so geprägt hat. Seine erste Zigarre hat Franz Hänlein vor 60 Jahren gerollt, nach der Lehrzeit. Jetzt raucht er sie nur noch.

Im Germersheimer Ludwigstor ist das Stadt- und Festungsmuseum des privaten Historischen Vereins untergebracht. Es ist eine wahre Fundgrube für Liebhaber alter Utensilien. So wurden hier auch die Requisiten zusammengetragen, die man für das Rollen einer Zigarre braucht. Und so erleben wir es mit, das Rollen eines "Wickels". Jedes Deckblatt ist einzigartig - nach dem Zigarrentyp zugeschnitten. Franz Hänlein kann sie alle - aus der Hand: Facon-Zigarre, Spitzformat ...

Einkaufstip: Direkt vom Gemüsebauern

In den Böden dieser Gegend gedeiht noch mehr. Gemüse und Salat sind wichtige Lebensgrundlagen für die Region. Viele Gemüsebauern beliefern die umliegenden Großmärkte. Wir besuchen das Örtchen **Schwegenheim**. Es war vor einigen Jahren Bundessieger im Wettbewerb "Unser Dorf soll schöner werden". Die bunten "Dekorationen" aus Gemüse, Salat und Äpfeln haben dazu beigetragen. Denn hier verkaufen die Erzeuger ihre Waren auch noch direkt an den Endverbraucher.

Das "Zwiebeldorf" **Zeiskam** trägt seinen Namen heute mehr aus Tradition. Viele Landwirte sind hier auf Möhren, Fenchel sowie Lauch umgestiegen. Zwiebeln rentieren sich für kleine und mittlere Betriebe nicht mehr, heißt es.

Ein gastronomischer Tip: Der Isenhof

Peter Steverding verarbeitet die Pfälzer "Bodenschätze" auf eigene Weise. In seinem "Isenhof" in **Knittelsheim** steht der energiegeladene Pfälzer am Herd. Mit seiner Kreativität war er davor schon lange in Herxheim erfolgreich. Seit einem Jahr gehört er zum Kreis der "Sterne-Köche". Der Stern belohnt seinen Ideenreichtum in der Küche, aber auch seine Ausdauer beim Neuanfang in Knittelsheim vor fünf Jahren. Er zeichnet für ungewöhnliche Menükreationen - wo es möglich ist, aus heimischen Produkten zubereitet.

„Rehrücken im Pilzkleid auf Quittensauce“ - wenn das keinen Appetit macht?! Auf den Tisch kommen die Speisen in gemütlichem Ambiente. 500 Jahre hat das Fachwerkgemäuer schon auf dem Buckel. Im Gebälk des Hauses fanden sich die Buchstaben IS - "Immer sein". So ergab sich auch der Name für das Restaurant. Gleich neben dem Isenhof steht das Haus, in dem früher Amtsstube und Schule waren - auch das mit schönem Fachwerk, wie viele der umliegenden Anwesen, die aus dem 17. und 18. Jahrhundert stammen. Auch der **"Römerplatz"** ist ansprechend gestaltet, nicht zuletzt wegen des Steinpflasters.

Tip: Deutsches Straßenmuseum

Straßenbaumeister Thomas Hänlein hat das Handwerk, Kopfsteinpflaster zu verlegen, wieder gelernt. Wir besuchen ihn auf einer "seiner" Baustellen. Sie liegt im "Deutschen Straßenmuseum" von **Germersheim**. Wer weiß schon wirklich, wie und womit unsere Straßen gebaut werden oder wie die Römer ihre bauten.

Die unterschiedlichsten Möglichkeiten sind zu sehen: Maschendraht über Steinen - eine "Gabion", um Böschungen zu befestigen. Dazu Modelle, Meßgeräte, Maschinen, Dampfwalzen. „Oldies“ genauso wie Hypermodernes. Diese Steingeschichten finden sich selbst in geschichtsträchtiger Kulisse, denn das Museum residiert im Zeughaus der Festung.

Schon in der Römerzeit war Germersheim Garnisonsstadt, und "linksrheinischer Vorposten" blieb es. Es war Reichsstadt, kurpfälzisch, bayrisch und fast völlig abgebrannt. 1834 aber lebte die Stadt noch einmal auf. Steine wurden gebraucht, die "Königsziegel", und Tausende von Arbeitern beschäftigt. "Als wir uns Germersheim näherten, war es uns, als seien wir in das alte Ägypten versetzt und das Volk eben in Massen versammelt, um an den riesigen Tempeln und Pyramiden zu bauen", schreibt Friedrich Blaul in "Träume und Schäume vom Rhein". Die Mühen haben sich nicht ausgezahlt, denn nur 20 Jahre später, unfertig und noch im Bau, war die Festung schon veraltet. Neue Waffen hatten sie überholt.

Diese Geschichte, auch den Abriß der meisten Gebäude als Folge des Versailler Vertrags, dokumentiert nun wiederum das Stadt- und Festungsmuseum, das wir nochmals aufsuchen. Wir wollen uns einem weiteren Kapitel der örtlichen Geschichte nähern: der Produktion von Emailleschildern. Ab etwa 1890 brachte sie wirtschaftlichen Aufschwung. Germersheim war das Zentrum im Südwesten. Hinweisschilder, Straßenschilder, Werbeschilder - hier sind einige der schönsten Beispiele zusammengetragen.

Und nochmals Handwerkskunst:

"Mühlenweg", der Straßenname prangt auf einem Schild. Anni Schulz entfernt die Schablonen, zwei für jeden Buchstaben, wegen der Zwischenräume. Sie schabloniert seit 17 Jahren bei der Firma Schmitt in **Bellheim**. Auch die Metallrohlinge stellt die Firma selbst her. Sie werden mit Emaillepulver besprüht, bevor sie zu Anni Schulz kommen. Vom Pulver befreit, kommen sie in den Ofen bei gut 800 Grad und 2 - 3 Minuten Brennzeit.

Ausflugstip: Rheinzabern - auf den Spuren der Römer

Unser nächster Ausflug führt nach **Rheinzabern**, ein idyllisches Fachwerkdorf mit einer sehenswerten spätgotischen Kirche mit Kirchgarten. Bedeutung erlangte der Ort aber durch die Römer, die in "Tabernae Rhenanae", wie der Ort vor 2000 Jahren hieß, die größte römische Keramikmanufaktur für Tafelgeschirr jenseits der Alpen betrieben.

Mitten durch den Ort lief die alte Römerstraße. Die Erinnerung an die geschäftige Kultur der Römer überdauerte standhaft die Zeit, wenn auch die Rheinzaberner um die Jahrhundertwende römische Ziegel noch als billiges Baumaterial nutzten.

Heute stehen auf diese Weise erbaute Wände unter Denkmalschutz. Im örtlichen Museum läßt sich mehr erfahren: Unter anderem sind hier zwei vollständig erhaltene Brennöfen der Römer sowie zahlreiche Funde ihrer "Luxuskeramik" zu sehen.

Ausflugstip: Jockgrim Vom Ziegler- zum Künstlerdorf

Wir fahren nach **Jockgrim** zur Verbandsgemeindeverwaltung. Dort muß man für den "bürokratischen Alltag" keinesfalls einen nüchternen Zweck-

bau aufsuchen. Wir stehen vor einem Gebäude faszinierender Architektur. Sie hat Gottfried Böhm erdacht, dessen Wettbewerbsentwurf für den Berliner Reichstag bereits Furore machte. Ihm ist es in Jockgrim gelungen, in dem Bau einerseits den Charakter der Gegend zu treffen, andererseits moderne und historische Elemente zu verschmelzen: ein wenig Festung, ein wenig Manufaktur und viel Moderne.

Ein altes Firmengebäude ist dem Bau angeschlossen. Hier setzen sich die Museumsräume fort, die im Parterre des Verwaltungsbaus beginnen. Wir verweilen aber zuerst im Museum, das die Reste eines Ringofens birgt. Der Mann, dem wir hier nachspüren, hat den guten Ton der Gegend ebenfalls genutzt, allerdings zur Ziegelproduktion: Wilhelm Ludowici. Von Ludwigshafen aus hatte der Geheimrat Dr. h. c. seine Fabrik 1883 nach Jockgrim verlegt. Damit begann eine Erfolgsstory, die erst in unseren siebziger Jahren zu Ende ging.

Wir betreten seinen Ziegelofen. 90 Meter lang war dieser größte Ringofen des Kontinents und sechs Stockwerke hoch. 1000 Grad und ein Feuer, das einmal 13 Jahre lang gebrannt haben soll, immer im Kreis. Wo die Glut erloschen war, fuhren Arbeiter die gebrannten Ziegel hinaus und bestückten den Ofen neu. 1891 arbeiteten in fünf Werken 600 Menschen.

Ludowicis Patent auf die sogenannte "Revolverpresse" verschaffte dem Unternehmen entscheidende Vorteile. 1935 produzierten die Jockgrimer Werke 100.000 Ziegel pro Tag, ein europäischer Rekord. Die Fabrik sicherte die Einkommen im Dorf, und der Firmengründer dokumentierte dies selbstbewußt mit seiner herrschaftlichen Villa. Das "Denkmal", das er sich setzte, hat die Zeit überdauert.

Prof. Karl Heinz Deutsch, "zugereister" Jockgrimer, hat bei den Ludowicis noch Keram-Modelleur gelernt. Heute widmet er sich der Bildhauerei. Wir besuchen ihn in seinem Atelier, schauen zu, wie er den roten Buntsandstein bearbeitet, staunen über seine Plastiken. Karl-Heinz Deutsch steht mit seiner Passion nicht alleine da. Das Zieglerdorf Jockgrim ist zum Künstlerdorf avanciert. Im Hinterstädtel lebte der Maler Albert Haueisen. Das "Zehnthaus" - von Deutsch mitinitiiert - eröffnet als "schönste Kunstgalerie der Pfalz" sechs Ausstellungen im Jahr mit Künstlern von internationalem Rang. Dazu gibt es noch Lesungen, Musikabende, Feste. Damit ist es auch ein wichtiger Platz für die Künstler der Region.

Tip: Radfahren

Die Pfalz bei Germersheim rühmt sich zu Recht, ein Radfahrerparadies zu sein. Allein 45 Kilometer lang ist der "Radwanderweg Rheinaue", der von **Lingenfeld** bei Germersheim bis hinunter nach **Wörth** führt. Überall hier ist die Landschaft eben. Man kommt also gut voran und doch bleibt genügend Aufmerksamkeit für Besonderheiten und überraschende Einblicke. Wir radeln an einer Kormorankolonie vorbei oder stoßen im Altrheinarm Herrengrund auf Biberratten.

Bei **Leimersheim** kann man im Viertelstundentakt über den Rhein. Die Auto- und Personenfähre verbindet Pfälzer und Badener. Die Leimersheimer Fähre stellt für die Leute vor Ort aber auch für Reisende und Ausflügler in der Region eine wichtige und insbesondere praktische Verbindung dar. Sie ist oft zeitsparender und sicher interessanter als der Weg über die Brücken.

Tip: Fische an der Angel ...

Gar nicht weit weg treffen wir auf die Sportangler an den **Neupotzer Baggerseen**. Einer von ihnen, Franz Gehrlein, gibt uns Auskunft über "seine" Fischgründe. Man geht hier gern auf Karpfen, weil's große gibt, aber auch auf Zander, Hechte und Aale.

Ein Blick auf seinen bisherigen Fang: nicht immer ist es so lohnenswert. Edelfische wie Aal und auch Zander sind hier die "Brotfische". Hecht, Schlei, Weißfisch oder Wels - das sind nur "Beifische", wenn's um die Ausbeute geht.

... und auf dem Teller: Restaurant-Tip

Für die Freunde von Fischgerichten hält die Region einiges bereit. Wir kehren im **"Schwanen"** in **Neupotz** ein. Hier bereitet Kornelia Wünschel den Zander zu, wie viele ihn hier am liebsten essen: "klassisch", also paniert und frittiert, ohne viele Extras und drumherum. Die Zitrone aber muß sein. Etwa ein Viertel der Fische hier kommen aus den Gewässern der Umgebung. Der Rest muß zugekauft werden. Der "Schwanen" in Neupotz gehört der Familie Wünschel. Seit 100 Jahren schon. Und seit 40 Jahren hat sich hier kaum was verändert. Es gibt Salat und Brot und ansonsten Fisch pur, vier Sorten stehen auf der Karte, filettiert oder ganz.

Dieser Beitrag beruht auf der Grundlage des Films von Isa Kilwink.

Rehrücken im Pilzkleid auf Quittensauce, Gemüse vom Wochenmarkt, Kartoffelstrudel

Rezept aus dem "Isenhof"

Zutaten:

1 kg Rehrücken, 800g Pilze (Steinpilze, Pfifferlinge, Maronen), Weißbrotkrumme, 150g Butter, 3 Eigelb, gehackte Kräuter, 1,5 kg Quitten, 2 EL Akazienhonig, Röstgemüse, Kalbsfond oder Wildfonds, Schweinenetz

Zubereitung:

Rehrücken auslösen, zuparrieren, salzen und pfeffern, rundum anbraten und auf einem Tuch auskühlen lassen. Wildknochen in walnußgroße Stücke hacken und mit Röstgemüse anrösten, kleingeschnittene Quitten zugeben.

Akazienhonig unterrühren mit Orangensaft ablöschen und mit dem Fond auffüllen. Alles ca. 3 Stunden köcheln, abparrieren und nochmals abschmecken.

Pilze putzen, in geklärter Butter und etwas Nußöl scharf anbraten, salzen pfeffern, Kräuter zufügen - beiseite stellen.

Butter und Eigelb schaumig rühren, Weißbrotkrumme zugeben und Pilze von Hand unterheben.

Ausgebreitetes Schweinenetz mit Pilzfarce bestreichen, anbraten, bei 180° in der Backröhre garen.

Nach 15-18 Minuten aus dem Ofen nehmen, 5 Minuten ruhen lassen. Rücken in ca. 2 cm große Tranchen schneiden, ansaucieren, dazu glaciertes Gemüse. Kartoffelstrudel und etwas Feigenkonfit.

So kommt man hin
Germersheim liegt im Dreieck Karlsruhe - Landau - Speyer.

Mit der Bahn: von Karlsruhe oder Ludwigshafen/Speyer aus erreicht man das Gebiet über die Bahnhöfe Germersheim oder Bellheim.

Mit dem Auto: man erreicht den Ort am besten bei Anfahrt über die B 9 zwischen Speyer und Karlsruhe.

Touristische Informationen
"Touristik- und Verkehrsverein" in der Kreisverwaltung in Germersheim
Luitpoldplatz 1
76726 Germersheim
Tel. 07274-53-232

Naturschutzgebiet "Hördter Rheinaue": Auf Anfrage bietet das Forstamt Bellheim Führungen durch das Gebiet für Gruppen an, Tel.: 07272-9 60 51 oder 9 60 52

Im Süden der Pfalz

Die Südpfalz ist mehr als die Fortsetzung des Elsaß diesseits der Grenze - da kann sie locker mithalten. Ein idyllischer Landstrich mit südlichem Klima. Wald, Wein und Sonne sind die Hauptzutaten dieser Landschaft, gewürzt mit alten Burgen und einer bewegten Geschichte - und natürlich den Pfälzern, die ihre Gäste freundlich aufnehmen.

Ausgangspunkt unserer Reise durch den Süden der Pfalz ist die Stadt **Annweiler**. Die Route führt von hier entlang der südlichen Weinstraße bis zur französischen Grenze bei Weißenburg. Das 7000-Einwohner-Städtchen Annweiler ist ein beliebter Erholungsort. Lange war die Queich, ein kleines Flüßchen, seine Lebensader. Durch sie wurden zahlreiche Mühlen betrieben. Auch heute noch dreht sich inmitten der Stadt stetig das alte Mühlenrad der Stadtmühle. Seine Energie wird auf ein Generator-Wärmepumpen-Aggregat übertragen. Ein Glashaus ermöglicht Besuchern präzise Einblicke.

In der **Wassergasse** stehen die alten Gerberhäuser, die an das einst bedeutende Lohgerber Handwerk erinnern. Ein schmales Häuschen begrenzt einen engen Durchgang inmitten der Gasse.

Diese Stelle heißt "Schipkapaß", der Name eines umkämpften Balkanpasses. Warum, kann keiner genau sagen. Vielleicht brüstete sich hier ein Veteran mit Kriegstaten - erlebten oder erfundenen.

Herzstück der im Zweiten Weltkrieg schwer zerstörten Stadt ist der **Marktplatz** mit dem Bildnis Friedrich II. am Rathaus. Der Stauferkaiser verlieh dem Ort unterhalb seiner Reichsburg Trifels im Jahr 1219 die Stadtrechte. Im Ratsaal erzählen Fresken aus den fünfziger Jahren von der großen Vergangenheit der freien Reichsstadt.

Annweilers Freiheitsbrief, die Stadtrechtsurkunde, wurde im Zweiten Weltkrieg von einem amerikanischen Soldaten gestohlen und blieb für 46 Jahre verschollen. Vor einigen Jahren kam das einmalige Dokument mit der Post zurück. An diesem Tag im Januar 1991 läuteten alle Glocken im Städtchen.

Festtip: Historischer Straßenmarkt

Alljährlich Anfang Juni erinnern die Annweiler Bürger mit ihrem Historischen Straßenmarkt an die große Zeit der Stadt in früheren Zeiten. Gaukler, Landsknechte und Handwerker geben Annweiler ein wenig Mittelalter zurück. Eine besondere Attraktion für die Besucher ist dabei die Stadttor-Erstürmung in historischen Kostümen. Das Wichtigste dabei sind aber Spaß und Spießbraten.

Ausflugstip: Trifels

Hoch über der Stadt erhebt sich der **Trifels** - die wichtigste Burg der Stauferkaiser. Sie war der Mittelpunkt ihres Reiches, das von der Nordsee bis Sizilien reichte - ein steinernes Symbol der Blüte des Hochmittelalters. Zu Füßen der Feste erstreckt sich so weit das Auge reicht der Pfälzerwald mit Burgen, Felsen und Dörfern. Der älteste original erhaltene Raum der Reichsfeste ist die Burgkapelle. Hier wurden über 70 Jahre lang die Reichskleinodien aufbewahrt. Im Tresorraum darüber kann der Besucher heute wertvolle Kopien betrachten. Reichskreuz, Reichsapfel, Szepter, Schwert und Krone - das waren die wesentlichen Krönungsinsignien der deutschen Kaiser. Nur auf der sichersten Burg wurden sie verwahrt - auf dem Trifels zwischen 1125 und 1298. Die Originale lagern heute in der Wiener Hofburg.

Der Trifels war Schatzkammer, aber auch Gefängnis. Prominentester Insasse war - für ein paar Wochen - der englische König Richard Löwenherz. Richard hatte sich im Heiligen Land so viele Feinde gemacht, daß er auf der Rückreise vom Kreuzzug gefangengenommen wurde und erst gegen ein hohes Lösegeld und die Leistung des Lehnseides an den Kaiser wieder frei kam.

Sein heutiges Aussehen verdankt der Trifels größtenteils einem Wiederaufbau vom Ende der 30er Jahre. Die Nazis hatten den Trifels zum Reichsehrenmal erklärt und bauten für ihre Fahnenweihen einen großen mächtigen Saal, mit seitlichen Treppen und einem Säulengang. Heute ist er ein Ort für Serenaden.

Tip für Familien:
Wild- und Wanderpark

Südlich von Annweiler und der Reichsfeste Trifels liegt neben dem Dörfchen **Silz** mitten im Pfälzerwald der "Wild- und Wanderpark Südliche Weinstraße". Vor allen Dingen für Kinder ist ein Besuch hier ein großes Erlebnis. Gleich beim Eingang ist ein großer Abenteuer-Spielplatz. Direkt daneben können sie persönlich Kontakt mit den Vierbeinern aufnehmen. Kleine, immer hungrige, Ziegenböcke tummeln sich nicht nur in ihrem Streichelzoo. Auf mehreren Wanderwegen geht es bis hoch hinauf in den Berg. In großzügigen Gehegen kann der Besucher auch Tiere beobachten, die in der freien Wildbahn längst ausgerottet sind, wie z. B. den Wolf. Der vermeintlich grausame Wolf ist ein sehr scheues Tier. Das kleine Rudel im Wildpark ist am besten bei der Fütterung zu beobachten. Auch der Wisent, der europäische Bison, ist in freier Wildbahn bei uns nicht mehr zu finden. Bis zu einer Tonne wiegen die Kolosse.

Nicht nur Wildtiere, sondern auch alte Haustierrassen sind vom Aussterben bedroht, wie etwa Kaltblüter, prächtige und sehr muskulöse Vierbeiner. Die mächtigen Tiere lassen manchen Besucher erst einmal einen Schritt zurückgehen, wenn sie zum Zaun tra-

ben. In den oberen Regionen des weitläufigen, 100 ha großen Parks trifft man auf Rotwild. Kein Zaun trennt den Besucher von den Tieren. Im Herbst kann man die Hirsche bei der Brunft beobachten. Die kleinen Hirschkälbchen sind etwas scheuer. Oft ducken sie sich reglos in eine Bodenmulde. Auch wenn das Tier nicht vor den Menschen flieht - auf keinen Fall berühren! Diese Reglosigkeit ist natürliches, angeborenes Verhalten und kein Grund zur Besorgnis.
Im Osten von Pfälzerwald und Wasgau öffnet sich die Rheinebene. In den hügeligen Ausläufern des Pfälzerwaldes, entlang der Südlichen Weinstraße, liegen kleine Winzerdörfer, aufgereiht wie Perlen auf einer Schnur.

Leinsweiler ist eine der Perlen. Oberhalb des Ortes liegt der **Slevogthof**. Hier verbrachte der impressionistische Maler Max Slevogt die Sommermonate. Besucher können seine Arbeitsräume besichtigen - oder einfach einkehren und eine einmalige Aussicht über Wald- und Weinland genießen. Leinsweiler ist ein typisches Winzerdorf mit schönen Fachwerkhäusern und einem Brunnen von 1561. Mitten im Ort liegt der **Zehntkeller**. Ein Lokal, das alles bietet, was die Region auszeichnet: Weine von der Weinstraße, deftige Pfälzer Spezialitäten. Die für die Region typischen Sandsteinkeller bieten das rustikale Ambiente für weinselige Abende. Früher lagerte hier Faßwein.

Ausflugstip: Madenburg

Auf dem Rothenberg über Eschbach erhebt sich die **Madenburg**, die größte Burganlage der Südpfalz. Sie bietet einen weiten Blick über die Ebene und auch über den Pfälzerwald. Wahrscheinlich ist sie die Burg, die 1076 als "Parthenopolis" erwähnt wird. Zuletzt wurde sie in der Renaissance erweitert, und zwar von den Speyerer Fürstbischöfen. Von ihrer einstigen Pracht künden die Renaissance-Treppentürme des Eberhard-Baues im nördlichen Burghof. Die endgültige Zerstörung der Burg erfolgte durch französische Truppen im Pfälzischen Erbfolgekrieg. Fast alle Burgen der Pfalz fielen dieser Zerstörungswut zum Opfer. Die Madenburg ist das ganze Jahr bewirtschaftet; nur Montag ist Ruhetag. Der Madenburgverein hat nun auch ein Museum errichtet.

Naturtip: Bachlehrpfad

Unten in der Ebene fließt von **Eschbach** über **Göcklingen** und **Heuchelheim-Klingen** der Kaiserbach. Entlang des Bachlaufs wurde 1991 ein Bachlehrpfad eingerichtet. Über ihn gibt es auch Unterrichtsprogramme und Lehrmaterial für Schulklassen. Auf einer Strecke von 9,5 Kilometern kann man Flora und Fauna dieses Lebensraums kennenlernen; ein Geheimtip für sanften Tourismus. Am besten vertraut man sich einem kundigen Führer an. Bäche waren schon immer Lebensspender für die Menschen, die an ihnen siedelten. Ein Bach brachte Nahrung und trieb die Mühlen an. Naturnahe Bäche sind heute die Ausnahme.

Ein naturnaher Bachlauf und seine Umgebung sind ein reiches Biotop. Der Mensch nutzte die Bäche seit eh und je. Zum Beispiel an den Waschplätzen mit einer Sandsteinbank, auf der unsere Urgroßmütter die Wäsche bürsteten und spülten - und jede Menge Klatsch verbreiteten.

Übernachtungstip:
Ferien auf dem Bauernhof

"Ferien auf dem Bauern - oder auf dem Winzerhof" heißt es in vielen der kleinen Dörfer an der südlichen Weinstraße. Auf voll bewirtschafteten Höfen mit ihrer reichen Tierwelt und ihrer guten pfälzischen Küche ist Erholung garantiert. Bei den fachkundigen Winzern sollte man unbedingt einen nicht immer nur theoretischen Ausflug in die Geheimnisse des Pfälzer Weins unternehmen. Uns hat es besonders gut in **Göcklingen** gefallen. Auf dem Hof von Christel und Heinz Altschuh sind nicht nur Familien gut aufgehoben.

Etwas südlicher, auf der anderen Seite der Weinstraße thront die **Landeck**. Sie ist eine gut erhaltene Stauferburg. Unterhalb liegt **Klingenmünster** - sehr alt wie die meisten Orte der Gegend. Klingenmünster - ein Kloster am Klingbach gab dem Ort seinen Namen. Aus der Zeit um 1100 stammt der untere Teil des Westwerks der ehemaligen Klosterkirche. Die Kirche ist barock überformt, doch im Inneren finden sich noch romanische Würfelkapitelle des Vorgängerbaus. Andere Bauteile des ehemaligen Benediktinerklosters wurden im neugestalteten Pfarrzentrum sichtbar gemacht - wie die Kreuzgangarkaden.

Das Kloster war eines der großen geistigen Zentren am Oberrhein. Es wurde vermutlich schon im 7. Jahrhundert von iroschottischen Mönchen gegründet. Damit ist es eines der ältesten im südwestdeutschen Raum. Im 15. Jahrhundert wurde es in ein Stift umgewandelt und schon 1565 aufgehoben. An der Außenwand lassen sich die Umbauten der Jahrhunderte ablesen. Zuletzt wurden die verbliebenen Bauteile als Stallungen genutzt. Eine vorbildliche Restaurierung rettete die Reste des Klosters vor dem endgültigen Verfall. Die Mauer, die den Klosterbezirk umgab, prägt heute noch das Ortsbild.

Museumstip:
Auf den Spuren August Beckers

In Klingenmünster wurde der Schriftsteller August Becker geboren. In seinem Werk "Die Pfalz und die Pfälzer" und in seinen Romanen setzte er seiner Heimat literarisch ein Denkmal. Seit kurzem gibt es hier ein August-Becker-Museum.

Wein ...

Was wäre die Pfalz ohne den Wein! Hier in der Südpfalz schmeckt der Riesling kräftiger und markanter als an der Mittelhaardt. Der Grund dafür sind die kalkhaltigen Böden.

Unter der Kapelle des Hl. Dionisius liegt das Winzerdorf **Gleiszellen**. Hier lohnt ein Besuch der Winzergasse mit ihren Fachwerkhäusern und Weinstuben. In Gleiszellen haben sich viele Winzer auf eine seltene Rebsorte spezialisiert: die Muskateller-Traube. Diese Exotin unter den heimischen Rebsorten stammt aus Vorderasien. Einmal im Jahr findet eine Muskateller-Weinprobe statt.

Immerhin wachsen hier zehn Prozent der gesamten deutschen Muskateller-Produktion.

Muskateller eignet sich besonders gut für Liköre, Aperitifs und Schnäpse. Es gibt gelben und roten Muskateller; und alle sind reich an Duftnoten. Die Verpackung muß auch stimmen. Edle Tropfen in ausgefallenen Glaskreationen.

... und gutes Essen

Daß zu gutem Wein auch gutes Essen gehört, ist eine Binsenweisheit. Es muß allerdings nicht immer deftige Pfälzer Küche sein. Das **Restaurant "Le Cavaeau"** in **Gleiszellen** ist eine Feinschmecker-Adresse.

Cathérine und Pascal sind neu in der Südpfalz, aber ihr kleines Restaurant in einem gemütlichen Sandsteinkeller ist schon kein Geheimtip mehr. Pascal bietet französische Küche, für den Elsässer Einschlag und den Charme sorgt Cathérine. Bei unserem Besuch servieren sie uns ein Duo von Taube und Lamm an Thymiansauce. Als Nachspeise gab es La Gourmandise du chef: Schokoladentränen mit Grand Marnier-Schaum und anderen Leckereien...

Wir fahren weiter auf der Weinstraße in Richtung Süden. Das Schloß der Herzöge von Pfalz-Zweibrücken ist das Wahrzeichen von **Bad Bergzabern** - ein heilklimatischer Kurort mit Thermalbad.
Das Gasthaus zum Engel, ein ehemaliger Adelssitz, ist eines der schönsten Renaissance-Häuser der Pfalz. Das Wirtshausschild stammt aus dem Jahr 1800. Dem beschaulichen Kurort sieht man nicht an, daß er eine revolutionäre Vergangenheit hat: Als im nahen Frankreich die Revolution tobte, riefen die Bergzaberner eine Jakobiner-Republik aus und wollten Bürger der französischen Republik werden. Reste der Stadtbefestigung haben sich in einigen Winkeln erhalten.

Versteckt in Kastanienwäldern hinter Bad Bergzabern liegt in einer Talmulde der kleine Ort **Dörrenbach**. Der Abstecher lohnt sich. Eine Besonderheit ist der befestigte Friedhof mit Wehrkirche. In der Pfalz gab es einige davon, doch nur hier ist ein solches Bauwerk so gut erhalten. Anfang des 14. Jahrhunderts wurden Friedhof und Kirche befestigt. Sie boten der Landbevölkerung in unsicheren Zeiten

Schutz vor marodierenden Söldnerhaufen. Doch auch Räuber hatten sich in der Kirchenburg eingenistet, weshalb sie 1460 zum ersten Mal zerstört wurde.

Die Wehrkirche wurde immer wieder aufgebaut. Gegenüber steht eines der schönsten Renaissance-Fachwerkhäuser der Pfalz, das Rathaus von 1590 mit geschnitzten Verzierungen.

Wandertip: entlang der Lauterlinien

Vor uns liegt Weißenburg, das Elsaß. Zwischen Pfälzerwald und Bienwald war hier in der Ebene ein Lücke, durch die jahrhundertelang in beiden Richtungen Heere marschierten. Auf französischer Seite gibt es einen 28 Kilometer langen Wanderweg entlang der Lauterlinien. Über der Lauter ist heute noch der Wall zu sehen, den die Bauern der Umgebung aufschütten mußten. Die Artillerieschanze bei **Altenburg** stammt aus dem deutsch-französischen Krieg 1870/71.

Bei Weißenburg tobte eine der ersten Schlachten. Andere, jüngere Beispiele von Grenzbefestigungen sind die Höckerlinien bei Steinfeld - Panzersperren aus dem Zweiten Weltkrieg. Damit endet einstweilen die 2000jährige kriegerische Kontinuität in der sonst idyllischen Südpfalz. Die Zeiten haben sich geändert. Bei Schweigen mit seinem Weintor, wo sich Südpfalz und Nordelsaß begegnen, leben Pfälzer und Elsässer Tür an Tür.

Dieser Beitrag beruht auf der Grundlage des Films von Utz Kastenholz.

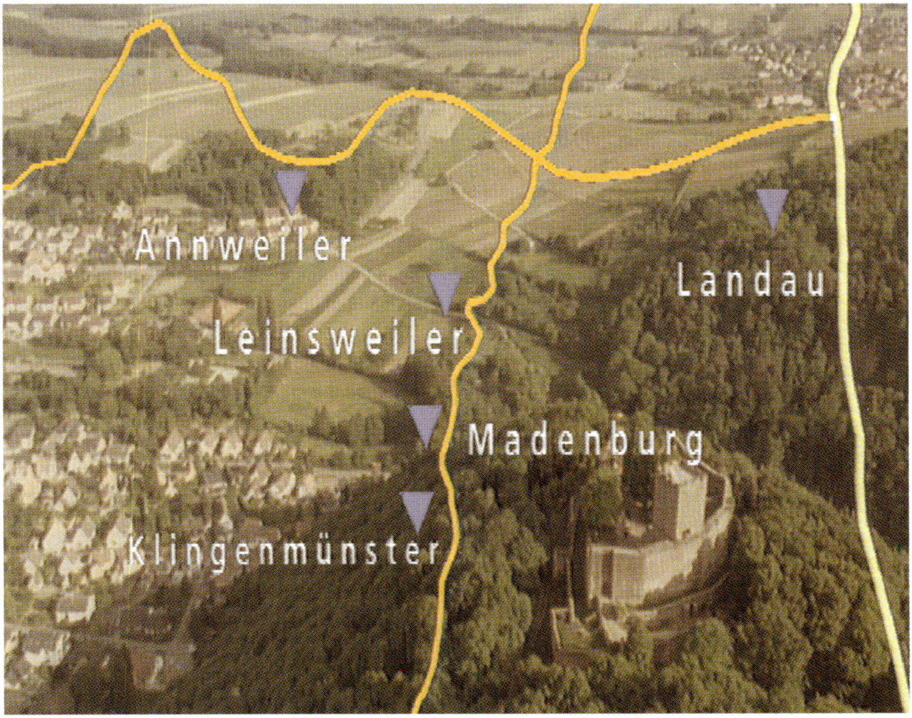

So kommt man hin
Mit dem Fahrrad: Es existiert ein gut ausgebautes Netz von Radwanderwegen in der gesamten Südpfalz.
Mit der Bahn: Regionalbahnen ab Landau nach Annweiler und Bad Bergzabern oder Wissembourg (Elsaß).
Mit dem Auto: von Norden über die A 65, Abfahrt Landau Nord zur B 10 Richtung Annweiler oder auf die B 38 (Deutsche Weinstraße).

Touristische Informationen

Südliche Weinstraße e. V.
Zentrale für Tourismus
Postfach 21 24
76811 **Landau** in der Pfalz
Tel: 06341-940-407

Südliche Weinstraße e. V.
Büro für Tourismus/Verkehrsamt
Im alten Rathaus
76855 **Annweiler** am Trifels

Tel: 06346-22 00

Südliche Weinstraße e. V.
Büro für Tourismus/Kurverwaltung
76887 **Bad Bergzabern**

Tel.: 06343-93 40-15

Südliche Weinstraße e. V.
Büro für Tourismus Landau-Land
Rathaus
76829 **Leinsweiler**

Tel.: 06345-35 31

Sagenhaftes Dahner Felsenland

Kaum ein anderer Gegenstand scheint die Phantasie unserer Sagen- und Märchenerzähler so beflügelt zu haben wie der Fels. Schaurige Geschichten ranken sich um zackige Gesteinsformationen. Das Dahner Felsenland besitzt aufgrund seiner geologischen Gegebenheiten viele markante Felsblöcke. Der bekannteste ist sicherlich der **Teufelstisch** bei **Hinterweidenthal**. Jedoch ist diese Wasgau-Landschaft viel zu reizvoll, als daß nur düstere Deutungen zu hören sind, wie die von der Entstehung der "Sieben Brüder" bei **Bundenthal**. Der Fluch eines Bettlers hat dort sieben Missetäter, die den armen Mann traktierten, in Stein verwandelt. Hier wird genauso vom unbeschadeten Sprung einer Jungfer vom 75 Meter hohen Fels erzählt, hier weist die Namensgebung von "Braut und Bräutigam" auf ein glückliches Paar.

Heute trainieren an vielen dieser Felsen die Klettersportler, die sich ohne Respekt vor Geschichte und Geschichten ihren Weg nach oben suchen. In ihrem bunten Outfit bilden sie zusätzliche Farbtupfer in einer phantastischen Landschaft, die vieles bietet: Herrliche Ausblicke von Bergrücken und Felsplateaus, erholsame Idylle beim Spaziergang in ausgedehnten Wäldern, Freizeitspaß an Seen und Bächen - dazwischen malerische Dörfer, romantische Burgen. Insgesamt 15 Ortschaften - vom etwas über 100 Einwohner zählenden **Hirschtal** bis zum 5000 Einwohner großen Luftkurort **Dahn** - liegen in diesem Gebiet, das von den Städten **Pirmasens**, **Landau** und **Weißenburg** in Frankreich eingegrenzt wird.

Familienfreundliches Wanderparadies

Wir beziehen für die "Fahr mal hin"-Dreharbeiten in Dahn Quartier. Von hier aus brechen wir zu ein paar Aktivitäten auf, die sich beim Aufenthalt im Dahner Felsenland förmlich "aufdrängen". Selbst für alle, die ein wenig länger verweilen, bilden Rundwanderung, Radtour und Kanufahrt erste Anregung für weitere Unternehmungen. Vom Schwimmen und Surfen bis zum Kreativurlaub mit Aquarellmalen und Seidenstickerei reicht das Spek-

trum. Und für Familien mit Kindern läßt sich allemal Spannendes und Unterhaltsames finden, was dem Dahner Felsenland vom Bundesfamilienministerium die höchstamtliche Bescheinigung seiner Familienfreundlichkeit einbrachte.

Ausflugstip: Dahner Rundwanderweg

Der etwa 16 Kilometer lange Marsch auf dem Dahner Rundwanderweg bildet den idealen "Einstieg", um die Reize der Gegend kennenzulernen. Er führt vorbei an vier Burgen, fünf steinernen Naturdenkmälern, Waldseen und Naturschutzgebieten. Unser erstes Ziel sind die Burgruinen von **Altdahn**, **Grafendahn** und **Tannstein**.

Vom 12. bis 15. Jahrhundert herrschten hier die Dahner Ritter. Die Burg wurde in mehreren Kriegen zerstört, ab dem 16. Jahrhundert war sie unbewohnt und zerfiel mehr und mehr. Doch in jüngerer Zeit räumte man auf - der Lohn: interessante Funde. Die sind heute im Burgmuseum, dem ehemaligen Pferdestall, zu sehen. Die Ausstellung bringt uns den Alltag des

Mittelalters näher. Ein Silberlöffel mit eingraviertem Wappen und eine beinerne Taschensonnenuhr mit Kompaß sind die wertvollsten Stücke.

Die Rundwanderung geht weiter, vor allem durch Wälder. Schöne Ausblicke tun sich auf, so auf **Erfweiler**. Die kleine Gemeinde wurde vor ein paar Jahren als eine der schönsten Ortschaften in Deutschland ausgezeichnet. Nach malerischen Ecken braucht man nicht lange zu suchen.

Wir statten einem der schmucken Häuser einen Besuch ab. In der Winterbergstraße hat eine Kunsthandwerkergruppe ihr Domizil. In der "Werkstatt" befindet sich eine kleine Galerie. Die Kunsthandwerker bieten zudem die unterschiedlichsten Kurse an - Töpfern, Malen und andere kreative Dinge.

Geheimnisvoller Geheimtip: Elwedritsche-Jagd

In Erfweiler stoßen wir aber auch noch auf eine weitere interessante Institution: die "Elwedritsche Akademie". Drei- bis viermal im Jahr geht Tritschenjäger Alfred Frischbier mit seinen Treibern auf die Pirsch nach jenem fabelhaften, scheuen Vogel, der Elwedritsche. Bevor die Jagd beginnt, muß der Lockruf eingeübt werden. Nach Verkostung des Pfälzer Elwedritsche Hefeschnapses kommt der Jagdruf "Uijujujuui" als Antwort auf das "Tritsch - Tritsch" des Vorrufers schon leichter und volltönender über die Lippen. Mit Fangsack, Treibstöcken und Laternen ausgestattet kann der Jägerschar nun eigentlich kein Fehler mehr unterlaufen. Wir wollen nicht alle Tricks verraten, schließlich ist man als Jäger schon ein wenig stolz auf den eigenen Erfolg. Auch der Fangsack unserer Jagdgesellschaft bleibt nicht lange leer. Allerdings ließ sich die Elewedritsche nicht mit der Kamera ablichten - sie ist eben ein sehr, sehr scheuer Vogel.

Tip: Per Fahrrad zu Burgenromantik ...

Neben dem Wandern bietet das Dahner Felsenland auch ausgezeichnete Bedingungen für Radfahrer. Das Radwandernetz ist gut ausgebaut und bis auf die Ortsdurchfahrten führen alle Strecken abseits vom Straßenverkehr auf eigens angelegten Wegen. Wir nehmen uns eine rund 35 Kilometer lange Tour vor. Von Dahn aus geht es an der Wieslauter entlang. In Bruchweiler verlassen wir das Tal und fahren nun Richtung Burgruine **Drachenfels**.

Diese ist eine der zahlreichen, ehemaligen Wehrbauten, die hier im deutsch-französischen Grenzgebiet liegen.
Denn am Thema "Burgen" kommt in dieser Region niemand vorbei. Die ganz große Geschichte spielte sich in den meist zwischen dem 11. und 14. Jahrhundert erbauten Gemäuern zwar nicht ab.
Trotzdem rankt sich um diese Felsennester ebenfalls manche Sage. So soll die frühere Burg Wasigenstein einst Schauplatz des im Waltharilied geschilderten Kampfes zwischen Walther von Aquitanien, Gunther und Hagen um den Schatz des Hunnenkönigs Etzel gewesen sein.

Zurück zum Drachenfels: Der erste, hier um 1200 errichtete Bau wurde bereits 1335 von Truppen der Stadt Straßburg als Raubritternest niedergebrannt.
Die später wiederaufgebaute Anlage - unter anderem im Besitz von Franz von Sickingen - ereilte 1523 in der sogenannten Sickingischen Fehde das gleiche Schicksal.

Seitdem ist vom Gemäuer nicht mehr allzuviel zu sehen. Interessant sind aber die direkt in den Fels gehauenen Treppen, Gänge und Kammern. Uns entlohnt außerdem der schöne Ausblick für den steilen Aufstieg.

... und Raubritternestern

"Reiten und Rauben ist keine Schande, das tun nur die Besten im Lande", so lautete ein Wahlspruch der Raubritter. Einer, der von **Burg Berwartstein** bei Erlenbach aus im 15. Jahrhundert sein Unwesen trieb war der Ritter Hans von Trott, auch Hans Trapp genannt. Mit 2,04 Metern Körpergröße war er ein Riese für die damalige Zeit. Sein Grab liegt in einer Kapelle unweit der Burg.

Bevor wir an dieser vorbeiradeln, statten wir der Burg einen Besuch ab. Sie ist die einzige noch bewohnte Burg der Pfalz und eine weitgehend vollständige Feste. Ihr Aussehen verdankt sie allerdings dem Wiederaufbau im 19. Jahrhundert. Der Blick in die guterhaltene Küche, in Folter- und Waffenkammer beeindruckt genauso wie der 104 Meter tiefe Brunnenschacht.

Und seit jüngster Zeit gibt es auch wieder Ritter auf der Berwartstein. Draußen treffen wir auf die "Walthariritter" aus Dahn beim Schaukampf vor historischer Kulisse.

Unsere Radtour führt uns nun nach **Nothweiler**. Heute hat der Ort etwa 200 Einwohner, im 16. Jahrhundert waren es viermal so viele. Man lebte vorwiegend vom Erzbergbau. Bis in das 19. Jahrhundert hinein bildete das Berg- und Hüttenwesen in dieser Region einen wesentlichen Wirtschaftsfaktor. Als Zeugnis dieser Epoche haben Bürger von Nothweiler ein 1893 stillgelegtes Bergwerk in der Nähe ihres Ortes für Besucher ausgebaut.

Von Nothweiler aus bietet sich ein Abstecher zur **Wegelnburg** an. Sie ist die höchstgelegene Burgruine der Pfalz. Von hier oben - 572 Meter über dem Meeresspiegel - kann man bei guter Fernsicht bis ins Rheintal und weit bis nach Frankreich sehen. Zu unseren Füßen breitet sich wie ein "grünes Meer" der Pfälzerwald aus.

Tip: Badengehen - mal freiwillig, mal unfreiwillig

Noch eine weitere Naturgegebenheit ist das Kapital des Dahner Felsenlandes. So besuchen wir die Seenlandschaft bei Fischbach und Ludwigswinkel.

Der **Schöntalweiher** ist einer von mehreren Naturseen, die im Sommer zum Segeln, Surfen und zum Baden einladen. Unabhängig von Jahreszeit und Wetter ist der Besucher im "Felsland Badeparadies" in Dahn. Es bietet mit Riesenrutsche, Strömungskanal, Sauna und vielen weiteren Attraktionen all das, was kleine und "große" Kinder zum Badevergnügen brauchen.

Konnten wir bei den vorangegangenen Aktivitäten bisweilen die Landschaft fast aus der Vogelperspektive genießen, erschließt sich uns bei einer Kanufahrt auf der Wieslauter die Natur ein paar "Stockwerke" tiefer. Daß man sich auf dem mitunter sehr unwegsam erscheinenden Gewässer überhaupt mit Booten fortbewegen kann, ist die erste Überraschung. Wir vertrauen uns daher der fachkundigen Führung von Horst Leonhart aus Dahn an. Er organisiert Ein- und Zwei-Tagesausflüge mit Trekkingbooten.

Seine Anleitungen sind gerade für Einsteiger in solche Abenteuer wichtig. Mitunter heißt es angesichts überhängender Zweige "Kopf runter" oder die Kanuten müssen sich in den Bootsrumpf kauern, um unter diversen Brückenbauwerken hindurchzugelangen. Beweglichkeit ist also gefragt, das Gleichgewichthalten will geübt sein, sonst erlebt man sehr schnell Überraschung Nummer zwei. So muß ein Kollege aus dem "Fahr mal hin"-Team bei einem Ausweichmanöver Bekanntschaft mit dem Wasser der Wieslauter machen. Für ihn ist es sicher in diesem Moment nur ein schwacher Trost, daß Horst Leonhart von Bootsfahrern berichtet, die bis zu sechs Mal den unfreiwilligen Gang über Bord angetreten haben.

Eine wichtige Einsicht kann uns der Ausflug mit Horst Leonhart ebenfalls vermitteln. Das Dahner Felsenland lebt von seinen Naturschätzen. Nur der verantwortungsvolle Umgang mit ihnen erhält diese Grundlage und sichert dem Gast zu, auch beim nächsten Besuch die idyllische Schönheit unbeschädigt vorzufinden. Es ist also sowohl beim Felsklettern als auch beim Kanutrekking kein Fehler, sich einer fachkundigen Führung anzuvertrauen. Der "Expeditionsleiter" kennt sensible Stellen, weiß, wann und wo Rücksicht auf Flora und Fauna zu nehmen ist.

Saumagen und Elwedritsche-Brust
Zum Abschluß einer Tour bietet sich die Einkehr in eine der vielen gemütlichen Lokale an, denn für das leibliche Wohl ist im Dahner Felsenland bestens gesorgt. Von der Pfälzer Brotzeit bis zur "Neuen Pfälzer Küche" und Feinschmeckermenüs hat die Gastronomie alles zu bieten - und das meist zu sehr günstigen Preisen.

Auf den Speisekarten im Dahner Felsenland dominiert aber die deftige Hausmannskost. Saumagen, Leberknödel, Bratwurst oder eine Pfälzer Schlachtplatte kommen auf den Tisch. Und die Nähe zum Elsaß ist zu spüren, wenn beispielsweise in Nothweiler sommers der Flammkuchen gereicht wird. Dazu noch ein Schoppen Pfälzer Wein und zu vorgerückter Stunde nehmen die vielen, mit der Region verbundenen Geschichten und Sagen konkretere Gestalt an.

Dieser Beitrag beruht auf der Grundlage des Films von Christof Walter.

So kommt man hin
Mit der Bahn: über die Strecke Saarbrücken - Landau/Karlsruhe bis zum Bahnhof Hinterweidenthal, weiter mit dem Linienbus (ca. acht Kilometer nach Dahn) ins Dahner Felsenland.
Mit dem Auto: aus Richtung Ludwigshafen/Mannheim und aus Richtung Stuttgart/Karlsruhe über die A8/A65, B10, B427; aus Richtung Trier/Saarbrücken über die A1/A6, A8, B10, B427.

Touristische Informationen
Tourist-Information
Dahner Felsenland
Schulstraße 29
66994 Dahn

Tel.: 06391-58 11
Fax: 06391-13 62

Am alten Gräfenstein

Das Gräfensteiner Land ist ein "Paradies" für Wanderer, die in der Region rund um die Verbandsgemeinde Rodalben mit den Orten Clausen, Donsieders, Leimen, Merzalben und Münchweiler genügend reizvolle Wegstrekken finden. Dieser Teil des "Naturparks Pfälzerwald" liegt etwa sechs Kilometer von Pirmasens entfernt und ist ideal für das Wandern abseits von Hektik und Alltagsstreß.

Der "alte Gräfenstein"

Unser erstes Ziel war natürlich der "alte Gräfenstein". Die Burgruine steht auf dem Schloßberg bei **Merzalben** und hat der Region ihren Namen gegeben. Die Grafen von Leiningen erbauten die Burg Anfang des 13. Jahrhunderts zum Schutze ihres Gebietes.

Ein Burgverwalter residierte hier oben und überwachte die Ämter. Da die

Leininger oft in Geldnöten waren, wurde das Bauwerk häufig verpfändet. So gelangte es 1420 in den Besitz des Markgrafen von Baden. Im Dreißigjährigen Krieg wurde die Festung zerstört und nie wieder aufgebaut. Sie ist heute die besterhaltene Burgruine der Pfalz.

Von hier oben hat man einen herrlichen Ausblick, der sicher auch folgende Zeilen "beeinflußt" haben mag:

Seid willkommen frohe Scharen
hier beim alten Gräfenstein
Sorg' und Kummer lasset fahren
nun bei Gerstensaft und Wein.

Fritz Claus - Wandern auf den Spuren des Heimatdichters

Ein Büchlein mit Gedichten, das uns bei den Filmrecherchen in die Hände fiel, führte uns auf die Spur des Verfassers dieser Zeilen: Fritz Claus. Der Heimatdichter hieß eigentlich Martin Jäger und war Pfarrer. 1852 in der Vorderpfalz geboren, aber früh verwaist, wuchs er bei seinem Großvater in **Münchweiler** auf. Hier finden wir daher auch eine "Fritz-Claus-Straße".

Schon für den jungen Martin hatte der Wald eine besondere Anziehungskraft. Und auch als Pfarrer erkor er sich das Wandern - neben dem Schreiben -

zu seiner Lieblingsbeschäftigung. Fritz Claus war Mitbegründer, lebenslanger Förderer und Mitarbeiter des Pfälzerwald-Vereins.

Eine Wanderhütte unweit des südlichen Ortsrandes von Münchweiler trägt den Namen des Heimatdichters. Sie ist ein beliebtes Ausflugsziel für Wanderer, allerdings nur am Wochenende bewirtschaftet, da sie von den Mitgliedern des Pfälzerwald-Vereins ehrenamtlich betrieben wird. Außerdem kann die Hütte für wenig Geld von Privatgesellschaften gemietet werden.

Auch ein Wanderpfad ist nach Fritz Claus benannt. Er führt von Münchweiler durch das Schambornertal nach Leimen, dem höchstgelegenen staatlich anerkannten Erholungsort der Pfalz. Bevor man ihn erreicht, passiert der Wanderer das Fritz-Claus-Denkmal, das 1906 - also noch zu Lebzeiten des Heimatdichters - errichtet wurde. Es ist dem "Sänger des Pfälzerwaldes" gewidmet, wie man Fritz Claus wegen seiner literarischen Verse nannte.

Sportlich durch das Land

Das Gräfensteiner Land läßt sich seit einiger Zeit komplett "erfahren" - und zwar mit dem Rad. Ein über 40 Kilometer langer Radweg verbindet die Ortschaften des Gebietes und führt an vielen der schönsten Stellen vorbei. Wir schlossen uns hier einer Gruppe von Mountain-Bikern an, für die das Gräfensteiner Land ein ideales Sportgebiet ist. Apropos Sport - neben den für eine Ferienregion typischen Angeboten wie Tennis oder Reiten finden sich am Clausensee

Möglichkeiten zum Paddeln, Schwimmen oder - etwas geruhsamer - Tretbootfahren.

Unterkunft in Pension, Campingzelt oder Waldhaus

Es muß also nicht immer die "große Tour" sein, um eine Region kennenzulernen. Wer nicht wie das "Fahr mal hin"-Team von einer soliden Pension in Rodalben aus seine Ausflüge unternehmen will, findet auch etwas außergewöhnlichere Quartiere.

So gibt es am **Clausensee** eine moderne Campinganlage mit Dusch- und Waschräumen. Der Platz ist in Privatbesitz und das ganze Jahr über geöffnet. Oder man zieht in eine Ferienanlage, wie beispielsweise die bei Merzalben. In idyllischer Lage, von Wald und Wiesen umgeben, stehen Holzhäuser. Unser Blick fiel in gepflegte Waldhütten, die Raum für zwei bis sechs Personen bieten. Sie haben ein Wohnzimmer mit Kochnische, zwei Schlafzimmer, eine Dusche und verfügen über eine Terrasse mit Tisch und Bank.

Ausflugstip: Maria Rosenberg

Derart untergebracht, lassen sich nun gezielte Ausflüge unternehmen, so beispielsweise über **Donsieders** nach **Maria Rosenberg**. Die Wallfahrtsstätte liegt im Norden des Gräfensteiner Landes am Südhang des Schwarzbachtales. Jedes Jahr treffen sich hier in der Woche nach Pfingsten Katholiken aus der ganzen Pfalz zu einer Wallfahrt. Dieser Brauch geht bis ins 15. Jahrhundert zurück. 1430 wird erstmals eine Kapelle am "Rodenberg" urkundlich erwähnt. Die Errichtung der Kapelle hängt vermutlich mit der Marienverehrung des Prämonstratenserordens Wadgassen zusammen, der im Nachbarort Burgalben einen Klosterhof besaß. Schon damals wurde die Kapelle als Marienheiligtum besucht. 1750 kam die Kirche in den Besitz der lutherischen Grafen Hanau-Lichtenberg.

Ausflugstip: Felsenwanderweg

Um Rodalben herum verläuft ein etwa 40 Kilometer langer Felsenwanderweg. Er führt durch das Langenbachtal vorbei am Bruderfelsen. Der Sage nach sollen zwei Brüder sich um ein Waisenmädchen gestritten haben. Deren Stiefmutter verhexte die Streitenden zu Stein.

Kein Fels ist jedoch mit dem Bärenfelsen und seiner Höhle vergleichbar. Sie ist die größte im Buntsandstein des Pfälzerwaldes. Neun Meter mißt der Eingang. Knapp 40 Meter geht es in die Tiefe. Im Inneren entspringt der Höhlenbach, der sich über Millionen von Jahren in den Stein gegraben hat. Experten bezweifeln allerdings, daß hier Bären gelebt haben. Jäger, Einsiedler, vielleicht auch Flüchtlinge könnten hier Unterschlupf gefunden haben. Doch gleich, welche Geschichte sich hinter dem Naturdenkmal verbirgt, Höhle und Fels faszinieren in jedem Fall.

Ausflugstip: Forsthaus Beckenhof

Ein beliebtes Ausflugsziel ist der Beckenhof (südlich der B 10 zwischen Münchweiler und Pirmasens). Er ist ein gemütliches Waldlokal mit einem für diese Region außergewöhnlich großen Biergarten. Die Stadtwerke Pirmasens haben sogar eigens für Senioren einen Pendelverkehr eingerichtet, so daß diese bequem zum Frühschoppen oder Nachmittagskaffee kommen.

Der Beckenhof war im 18. Jahrhundert ein Gutshof und ist nach dem damaligen Besitzer Friedrich Beck benannt. Bis 1824 wurde der Hof bewirtschaftet, dann war er Dienstwohnung des zuständigen Försters. In der heutigen Wirtschaft können die Ausflügler preiswert und gut essen - natürlich vor allem Pfälzer Spezialitäten wie Flammkuchen, Saumagen oder Leberknödel mit Sauerkraut. Selbst an einem warmen Spätherbsttag - wie wir ihn erleben - zieht es alt und jung aus weitem Umkreis zum Beckenhof.

In der Nähe haben wir ein "Klassenzimmer" im Wald aufgespürt. Der Jäger Karlheinz Elig hält hier ab und zu Unterricht für Kinder ab. In seiner Lehrstunde für "Fahr mal hin" ging es um die traditionelle Herstellung der Kienholzspäne, jener aus stark harzigem Kiefernholz geschlagenen Holzstücke. In **Münchweiler** feiert man in bezug auf diese Tradition zu Pfingsten das **Kienholz-Fest**.

"Hawe", "Greenesputsche" ...

Wer Aufmerksamkeit für solche Details aufbringt, erfährt eine ganze Menge über die Region. So plätschert in **Clausen** das Wasser des Dorfbrunnens durch dickbauchige Krüge. Sie erinnern an eine frühere Erwerbstätigkeit der Bürger, die Herstellung dieser urigen Gefäße in Größen zwischen einem Viertel und zwei Litern.
Vor rund 200 Jahren zogen die Töpfer mit ihren Verkaufswagen durch den Ort. Die Clauser "Hawe" werden heute noch hergestellt, allerdings nicht mehr im Ort selbst, sondern in Frankreich. Beim Verkehrsverein in Clausen kann man aber ein solches Andenken erwerben.
Erinnert der Brunnen in Clausen an die "Hawe", so hat man in Rodalben der "Greenesputschefraa" ein kleines Denkmal gesetzt. Sie verstand es, in schlechten Zeiten die Haushaltskasse mit dem Verkauf von Grünzeug aus dem eigenen Garten aufzubessern. Und auch hier gibt es in Gedenken an die alten Erwerbstraditionen die entsprechenden Feste: Clausen feiert sein **"Clauser Hawe-Fest"** im Mai, Rodalben sein **"Grünesputsche-Fest"** im August.

... und Schuhe

Durch das Gräfensteiner Land führt die **Deutsche Schuhstraße**. Wir befinden uns mitten in der Region, die jahrzehntelang von diesem Industriezweig geprägt wurde. Heute stehen die meisten Fabriken leer. Trotzdem lassen sich noch Betriebe finden, die in Eigenarbeit Schuhe herstellen. Mit der Geschichte dieses Industriezweiges verbunden ist das Gebäude, in dem heute das **"Haus der Kultur"** von Rodalben untergebracht ist. Ursprünglich war dies ein "Schulschwesternhaus", in dem Dominikanerinnen junge Mädchen unterrichteten.

Gegründet wurde diese Schule 1889 von Pfarrer Stephan Lederer. Er hatte mit den Schustern vor Ort die ersten Fabriken gegründet. Da ein solches Unternehmen auch Fachkräfte wie Näherinnen brauchte, sorgte er vor allem bei den Mädchen für die nötige Ausbildung.

Große Namen gestern und heute

Rodalben ist Sitz der Verbandsgemeinde. Die Gegend war schon besiedelt, bevor sie mit dem Amt Gräfenstein im 12. Jahrhundert ins Licht der Geschichte trat. Aus dieser Zeit stammt auch die **Marienkirche**. Sie wurde im Dreißigjährigen Krieg zerstört, im 17. Jahrhundert aber wieder aufgebaut.

Das Innere der Kirche ist im Barockstil gehalten. Den Hochaltar fertigte ein unbekannter Künstler nach dem Vorbild des berühmten Altars der Certosa bei Pavia an. Bei Restaurierungen legte man im Seitenchor übertünchte gotische Wandmalereien frei.

In Rodalben steht auch das Geburtshaus eines berühmten Mediziners: Johann Peter Frank, ein Wegbereiter der modernen Sozialhygiene. Er wirkte als Hofmedicus beim Markgrafen von Baden in Rastatt und ging nach dessen Tod in die Dienste des Bischofs von Speyer. Der Kirchenfürst übertrug dem jungen Mann die Aufsichtspflicht über das Gesundheitswesen seines Bistums. In dieser Zeit begann er sein Lebenswerk zu schreiben, das "System einer vollständigen medizinischen Polizey".

Sein Ruf als fortschrittlicher Mediziner ist bis nach Wien gedrungen. Kaiser Franz Josef II. bot ihm eine Stelle in Pavia an. Später war Frank Leibarzt des russischen Zaren in St. Petersburg und lehrte in Wilma. Der Mediziner starb 1821 in Wien, wo er auf dem Zentralfriedhof neben Beethoven - einem seiner Patienten - ruht.

Zu den heutigen Berühmtheiten zählt der Südwestpfälzer Kinderchor Münchweiler. Mit seinem Repertoire aus Kinderliedern, geistlichen und weltlichen Stücken gehört er zu den besten Chören Deutschlands. Der Kirchen- und Schulmusiker Bernhard Hassler arbeitet mehrmals die Woche mit der Gruppe.

Dieser Beitrag beruht auf der Grundlage des Films von Hannelore Engler.

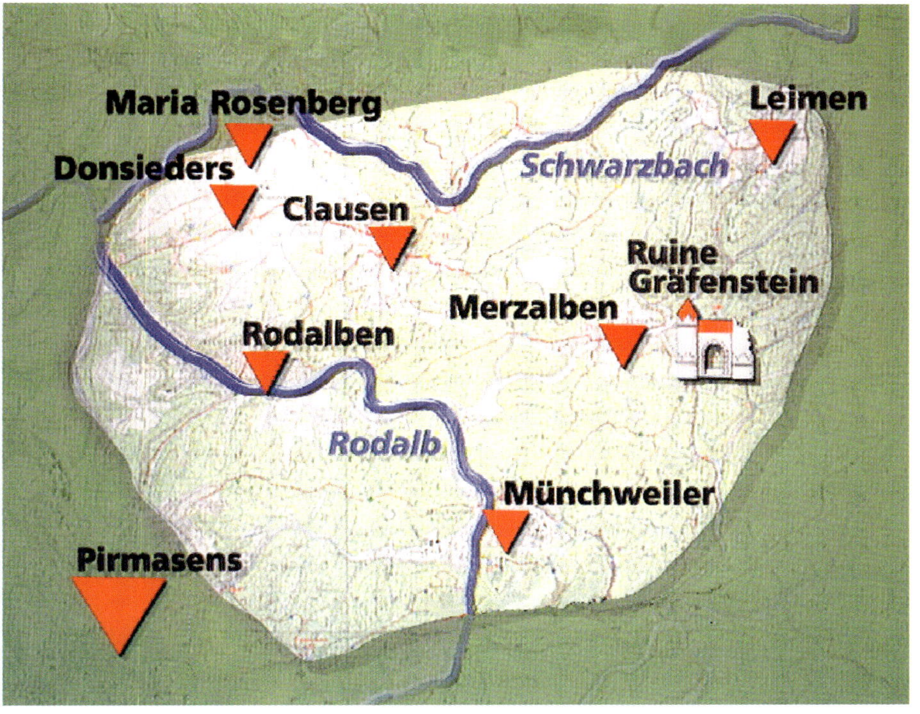

So kommt man hin

Mit der Bahn: Rodalben und Münchweiler verfügen über Bahnhöfe, die in das Streckennetz der Deutschen Bahn AG mit "Rheinland-Pfalz-Takt" eingebunden sind.

Mit dem Auto: aus Richtung Westen B 10 (Landau - Pirmasens), aus Richtung Norden B 48 und B 270.

Touristische Informationen

Fremdenverkehrsbüro
Gräfensteiner Land
Am Rathaus 9
66976 Rodalben

Tel.: 06331-234-180
Fax: 06331-234-105

Von Schustern, Förstern und Fürsten – Rund um Pirmasens

Pirmasens ist immer noch die deutsche Schuhmetropole. Dieses positive "Markenzeichen" brachte ihr auch den Ruf einer grauen Industriestadt ein. Seit einiger Zeit wird mit verschiedenen Maßnahmen gegengesteuert. So entwickelt sich hier langsam eine mittelgroße Einkaufsstadt mit besonderem Flair. Oder welche andere Fußgängerzone beherbergt gleich einen ganzen Zoo origineller Tierskulpturen?!

Vielleicht muß man sich deshalb nur eines Einheimischen "bedienen", der dem Besucher die Augen für solch interessante Details öffnet. Stadtführungen können bei der Stadtverwaltung gebucht werden. Wir vertrauen uns einem an, der dort allerdings nicht auf der Liste steht: Liedermacher Oss Kröher. Der bringt uns gleich einen Vergleich näher, wie man ihn in Pirmasens gerne anstellt. "Zu Rom sind ja ein paar Parallelen da", erklärt er. "Da hätten wir erstes Mal die sieben Hügel, die Rom hat, und die sieben Berge, die Pirmasens hat. Nur in Rom sind es bloß Hügel, bei uns Berge. Dann haben wir den neuen Exerzierplatz, der als Vorbild den Petersplatz hat - mit den Kolonaden, wie wir auch. Und dann die herrliche Spanische Treppe in Rom, wir haben in Pirmasens die Schloßtreppe - nur die in

Rom haben kein Wasserspiel - wir haben eines."

Sieben Hügel, der **Exerzierplatz**, die Schloßtreppe - ein gewagter Vergleich? Wir legen im "Fahr mal hin"-Film die entsprechenden Bilder der beiden Städte übereinander - und siehe da: So unrecht hat unser Gewährsmann gar nicht. Warum also nicht als erstes das neue Zentrum der Stadt in Augenschein nehmen? Es ist eine "Spätfolge" der Exerzierleidenschaft von Stadtgründer Landgraf Ludwig IX. von Hessen-Darmstadt. Er begann vor rund 250 Jahren aus dem ehemaligen Bauerndorf eine ansehnliche Garnisonsstadt zu machen. Sie wurde von einer riesigen Exerzierhalle dominiert. Für die späteren Generationen blieb durch die landgräfliche Leidenschaft ein riesiges, freies Gelände zurück. Der Exerzierplatz wurde eine echte Herausforderung für die Städteplaner. Bei der in jüngerer Zeit vorgenommenen Neugestaltung verbannte man die Autos unter die Erde. Den Eingang zur Tiefgarage umsäumt eine Brunnenanlage.

Wer die sieben Hügel - pardon: Berge - kennenlernen möchte, der nehme sich den bekanntesten vor: den Horeb. Hier steht der **Alte Friedhof**, eine unbedingt sehenswerte Parkanlage. Die alten Grabsteine aus dem 18. und 19. Jahrhundert bilden einen ungewöhnlich prachtvollen Skulpturengarten. Hier war auch das Refugium von Karoline, der Frau Ludwigs IX. Sie korrespondierte mit Goethe, Voltaire und Friedrich dem Großen. Ihre Büste schmückt die ehemalige Leichenhalle des Friedhofs. Der **Carolinensaal** ist heute ein Konzertsaal, in dem regelmäßig Sonntagsmatinen stattfinden.

An die Zeit des soldatennärrischen Landgrafen und seiner Frau Karoline erinnert man sich in Pirmasens eigentlich gerne - vielleicht auch, weil die Zeit viele Wunden heilt. In ganz Europa wurden 2.400 Soldaten angeworben. Der Sold war gering, aber woanders war es eben noch schlechter. Mit den Soldaten kamen deren Familien, dazu Bettler, Bürger und ein paar Höflinge. Doch keiner der Soldaten mußte je in den Krieg. Ludwig IX. hatte sich in der Pfalz sein Soldatenparadies erschaffen, vergleichbar mit einem Spielzeug-Wunderland.

Tip: Altes Rathaus

In Spielzeuggröße kann man Zinnsoldaten und ein Modell der Stadt im Heimatmuseum bewundern. Es ist im Alten Rathaus untergebracht. Hier läßt sich ein Blick auf ein weiteres

Hobby des Landgrafen werfen: das Schreiben von Trommelmärschen. Über 90.000 (!) stammen aus seiner Feder, wenn auch manche davon nur ein oder zwei Takte lang sind. Ludwig IX. starb 1790. Drei Jahre später wurde es dann doch Ernst - Krieg. Leider blieb Pirmasens von den Auseinandersetzungen zwischen Deutschland und Frankreich nie verschont.

Einen berühmten Sohn der Stadt hat vielleicht gerade dies bewogen, Pazifist zu werden: Hugo Ball. 1886 erblickte er in Pirmasens das Licht der Welt, wurde später Literat und erlangte als Dadaist große Bedeutung. Das Hugo-Ball-Archiv in Pirmasens dokumentiert sein Leben und Werk. Für uns greift aber Oss Kröher zur Gitarre und stimmt den "Totentanz" an. Die 1916 entstandenen Zeilen geben ein wenig vom Charakter der Ballschen Arbeiten wieder:

"So sterben wir, so sterben wir,
wir sterben alle Tage,
weil's sich so gemütlich
sterben läßt ..."

Im Heimatmuseum stoßen wir auf einen weiteren berühmten Pirmasenser: Heinrich Bürkel. Im 19. Jahrhundert malte er seine Bilder, die Motive von Reisen inspiriert. Es lohnt sich, ein wenig Zeit für die Galerie mitzubringen. Außerdem ist im Alten Rathaus ein Scherenschnitt-Kabinett zu finden. Doch breiteren Raum nimmt ein Thema ein, das die ganze Region bis heute noch prägt.

Im **Schuhmuseum** findet der Besucher eine unglaubliche Menge an

Schuhen aus allen Ländern und Zeiten. Noch heute "pilgern" daher Designer nach Pirmasens, um sich Anregungen für neue Kollektionen zu holen. (Ein neues Museum mit Schuhmaschinen steht mittlerweile im nahen Hauenstein).

In den Häusern der Grenadiere hat das Schuhemachen in Pirmasens begonnen. Denn als der Landgraf Ludwig starb, wurden die Soldaten arbeitslos. Schuhemachen war eine echte Marktlücke, und nach ein paar Jahrzehnten lebte die ganze Stadt davon.

Die später entstandenen riesigen Schuhfabriken prägen heute das Stadtbild. Immer noch arbeiten rund 6.000 Menschen in der heimischen Schuhindustrie. Pirmasens hat als deutsches Zentrum der Schuhindustrie schließlich erhebliche Standortvorteile. Nirgendwo sonst sind die Menschen besser qualifiziert. Außerdem werden in der Stadt die Maschinen zur Schuhherstellung gefertigt. Reparaturen gehen also schnell, wenn der Monteur am gleichen Ort arbeitet.

Aufbruch in die Moderne

Mancher Besucher nutzt den Ausflug in die Region zum Schuhkauf direkt ab Werk. Und noch in einer weiteren Beziehung läßt sich von der Schuhproduktion profitieren. Schon in den dreißiger Jahren brachte sie genug Geld für das erste hochmoderne Hallenbad. Auch heute ist es auf aktuellem Stand, nachdem ein neuer Bau angegliedert wurde. Der Komplex nennt sich nun "Pirmasenser Luft- und Badepark", kurz **PLUB**. Unter anderem sorgen Solarien und ein Außenbecken für einen angenehmen Aufenthalt in diesem "Spaßbad", der sich bis abends um 22 Uhr ausdehnen läßt.

Trotzdem sind die Glanzzeiten der Schuhproduktion in Pirmasens vorbei. Die Arbeitslosenquote in der Stadt ist überdurchschnittlich hoch. Viele der früheren Produktionsstätten stehen leer. Für den Besucher bleibt wenigstens der Blick auf zahlreiche Beispiele deutscher Industriearchitektur, so etwa das Gebäude der Firma Rehberger. In den zwanziger Jahren arbeiteten hier noch 1900 Menschen, heute sind es etwa 20.

Die Infrastruktur der Stadt mit diesen leerstehenden Flächen bietet aber auch neue Chancen - vor allem für Existenzgründer, wie uns Bernd Hummel versichert. Der Pirmasenser Unternehmer hält die Europalizenz für zwei erfolgreiche Turn- und Freizeitschuhmarken.

Produziert wird zwar in Asien, aber entworfen in den heimischen Büros, die er in ein Dienstleistungszentrum integriert hat. 30 Jahre gammelte die frühere Fabrik vor sich hin. Heute befinden sich in "Neuffer am Park" Arztpraxen, Fitneßcenter und Restaurants. Eine Galerie zeigt wechselnde Ausstellungen.

Ausflugstip: Hornbach

Setzen die einen auf die Zukunft, so planen andere mit der Vergangenheit. Nicht in Industrie und Produktion, so Oss Kröher, liege die Zukunft Pirmasens. Das größte Kapital der Stadt sei eine intakte Gegend. Hier müsse man einen vernünftigen Tourismus aufziehen, meinte unser Stadtführer. Also sehen wir uns in der Gegend um und entdecken - Aufbruchstimmung.

Beispielsweise im ehemaligen **Kloster Hornbach**, ein paar Kilometer westlich von Pirmasens gelegen. Dort litt man lange unter der Randlage, der Fluglärm amerikanischer Kampfjets hielt die Touristen fern. Jetzt ensteht ein Hotel im Klosterkomplex, und es wird freigelegt, was von der Vergangenheit noch übrig ist.

Und Vergangenheit gibt es sicher eine interessante, denn 742 gründete der Heilige Pirmin das Kloster. Für ihn, einen berühmten Missionaren, war es aber bereits die letzte einer Reihe von Klostergründungen. "Hier ist meine Ruhe ewiglich", schrieb er vorausschauend. Sein Grab ist allerdings leer. Pirmin fand seine bisher allerletzte Ruhe in Innsbruck.

In besseren Zeiten war das Kloster auch wegen seiner Kunstschätze berühmt. Heute zeugt noch ein römisches Steinrelief davon. Im Fabiansstift liegen angeblich irgendwo die Gebeine des Papstes Fabian, des einzigen Papstes, der nicht in Rom begraben ist. Gefunden hat man sie bis heute noch nicht. Vielleicht hätte der Fund aber auch seine Nachteile, denn dann wäre es mit der Ruhe in dieser Gegend erneut vorbei.

Urlaubstip: Unterwegs mit dem Förster

Wer Ruhe in freier Natur genießen will, kann Pirmasens als Ausgangspunkt für weitere Ausflüge nutzen - zum Beispiel in das Dahner Felsenland. Unser Team folgt der Spur eines anderen "Fahr mal hin"-Beitrages (siehe "Sagenhaftes Dahner Felsenland"), um ein neues touristisches Angebot zu testen: Urlaub mit dem Förster.
Wir schließen uns dabei einer Besuchergruppe an, die eine Woche lang mit einem "Waldexperten" unterwegs auf einer Rundreise durch den Pfälzerwald ist. Man kann beim Fällen von Bäumen zusehen, erfährt etwas über die Entstehung der Jahresringe. Aber die Besucher sollen auch aktiv werden. So pflanzen die Hobbyförster im Frühjahr selbst Bäume an, schützen sie vor Wildfraß. Weil die Holzgewinnung ein Wirtschaftsfaktor ist, gehört das Wissen um naturnahen Waldbau zum Urlaub. Beispielsweise gilt es herauszufinden, welche Bäume ohne Schaden für das Ökosystem gefällt werden können.

Geheimtip: Landhaus Mischler

Die französische Grenze ist nicht weit. Viele Urlauber nutzen daher den Aufenthalt im Süden der Pfalz zu einem Abstecher in das Nachbarland - auch wir. Allerdings legt das Team eine Rast im Landhaus Mischler ein. Das Restaurant liegt in Schönau. Seit fünf Generationen ist es im Familienbesitz. Udo Mischler stellte seine Kochkünste schon in den Dienst der Sportler bei den Olympischen Winterspielen in Albertville 1992. Heute weiß man seine gehobene Küche in der Region zu schätzen. Für den etwas schmäleren Geldbeutel betreiben die Mischlers im gleichen Ort aber auch ein einfacheres Restaurant.

Ausflugstip: Bitche und Bitcher Land

In Frankreich fahren wir nach Bitche. Die kleine Stadt gehört zu den beliebtesten Zielen in Lothringen. Sie wird überragt von einer mächtigen Zitadelle. In ihrem "Felsenbauch" befinden sich Löcher, Höhlen, Gänge. 17 Meter unter der Erdoberfläche tut sich vor uns eine unterirdische Stadt auf. Da ist die Bäckerei, die 1000 Brote am Tag backen konnte, hier stehen die Futtertröge in Stallungen für 50 Rinder und 30 Schafe. Die Zitadelle beherbergte beispielsweise 1870/71 im deutsch-französischen Krieg anderthalbtausend Soldaten. 230 Tage lang trotzte die Festung den deutschen Belagerern. Man bekam nicht einmal mit, als der Krieg zuende war. Im 2. Weltkrieg floh dann sogar die gesamte Stadtbevölkerung in die Zitadelle. Das Bauwerk kann innen allerdings nur in der wärmeren Jahreszeit besichtigt werden.

Trotzdem lassen sich nicht nur während der Sommermonate geeignete Ausflugsziele finden.
Das Bitcher Land ist berühmt für seine Glasherstellung. An zahlreichen Orten kann man günstig Bleikristall kaufen. Wir besuchen allerdings einen Platz, an dem unverkäufliche Stücke stehen: das **Glasmuseum in Meisenthal**. Hier ist unter anderem moderne Glaskunst von Joel Linard zu sehen. In einer eigenen Ausstellung werden die Arbeitsschritte bei der Glasherstellung dokumentiert - eine wichtige Erinnerung, denn Glasbläserei ist im französischen Lothringen ein aussterbendes Handwerk.

Deftiges zum Schluß

Am Schluß unseres Aufenthaltes in und um Pirmasens begleitet uns Oss Kröher noch in das Wallhalbtal, einen Einschnitt auf der Sickinger Höhe. Früher nannte man die Gegend die "Kornkammer der Pfalz". Viele Mühlen zeugen heute noch davon, daß hier Korn gemahlen wurde. Ein eigener Mühlenwanderweg führt an ihnen vorbei. Wir machen in der **Weihermühle** Station, um eine pfälzische Institution kennenzulernen: das Schlachtfest. Die Hausschlachtung wird allerdings immer seltener. Das Fleisch kommt vom Schlachthof - geschmeckt hat's trotzdem.

Dieser Beitrag beruht auf der Grundlage des Films von Alexander Wasner.

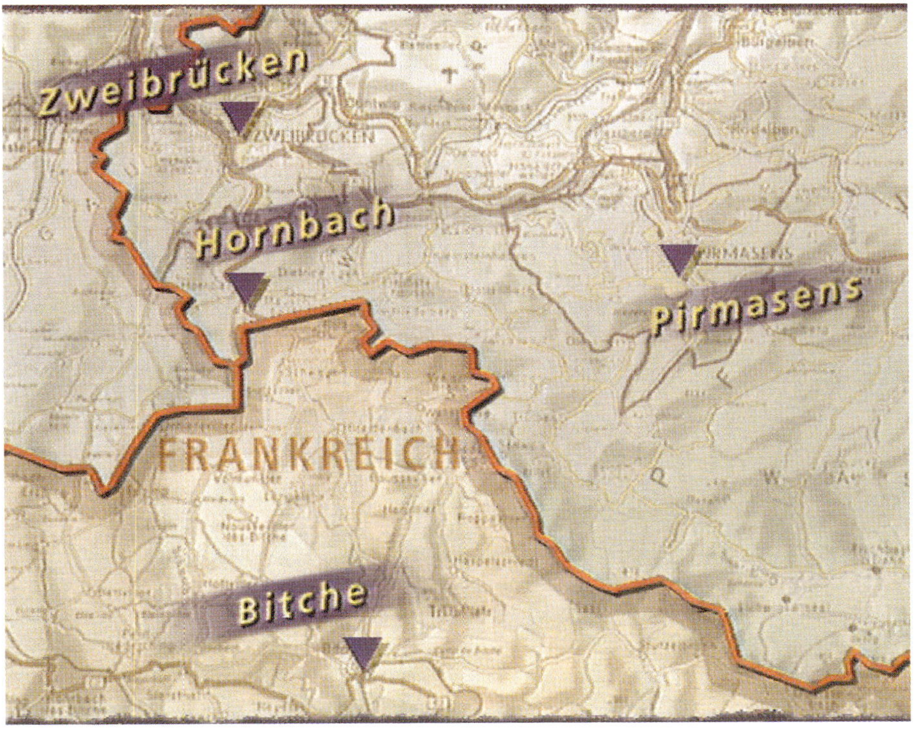

So kommt man hin

Mit der Bahn: Die Stadt Pirmasens ist an den Rheinland-Pfalz-Takt angeschlossen, das heißt, es bestehen gute Zugverbindungen in die Stadt selbst. Auch der Transport von Fahrrädern macht keine Probleme. In der Umgebung von Pirmasens ist es mit öffentlichen Verkehrsmitteln nicht ganz so gut bestellt. Trotzdem kommt man an fast jeden Ort mit Bus oder Zug.

Mit dem Auto: Über die A 8 Richtung Pirmasens/Saarlouis.

Touristische Informationen

Fremdenverkehrsamt
Stadt Pirmasens
Dankelsbachstr. 19
66953 Pirmasens
Tel.: 06331-84 23 55

Office de Tourisme du Pays de Bitche
Hotel de Ville, BP 47
57232 Bitche Cedex
Tel. (von Deutschland aus):
0033-87 06 16 16

Stadt der Herzöge – Ein Streifzug durch Zweibrücken

Rosen und Rosse - man darf ruhig nach Zweibrücken in der Erwartung kommen, diese zwei "Aushängeschilder" der Stadt bewundern zu können. Da ist zum einen "Europas Rosengarten", eine riesige Park- und Gartenanlage. Die ältesten und die neuesten, die seltensten und die prächtigsten Rosenzüchtungen sind hier zu bewundern. Und die seit über 230 Jahren bestehende Tradition in der Pferdezucht verkörpert das Landgestüt, eines der sechs staatlichen Gestüte in Deutschland.

Doch den baulichen "Stempel" hat vor allem ein Herzog der Stadt aufgedrückt. Um die Details zu entdecken, schließen wir uns auch diesmal wieder einem Fachmann vor Ort an. Kaum einer kennt die alte Herzogstadt besser als Ludwig Arnold, das **"Luische"**, der stadtbekannte Dienstmann Nummer 1. Doch das Zweibrükker Original ist vor achtzig Jahren gestorben. Eine lebensgroße **Brunnenfigur** erinnert an ihn. Ist der alte Kerl für unseren "Fahr mal hin"-Ausflug noch einmal zu aktivieren? Ja, allez hopp, Luische!

Wir wollen uns erst einmal ein wenig Überblick verschaffen. Mit unserem Dienstmann steigen wir auf den Turm der Alexanderkirche. Er deutet uns die markanten Punkte heraus: das Schloß, jetzt Sitz des Oberlandesgerichts, die Fußgängerzone, die herzogliche Vorstadt. Bewunderer hatte die Stadt im Laufe der Geschichte viele. Die großzügige Anlage der Häuser lobte schon Johann Wolfgang von Goethe bei einer seiner Reisen zu Pferde. "Spielerisch" sei alles und auch Benehmen und Kleidung der Frauen und Mädchen deute auf ein Verhältnis in die Ferne und mache den Bezug auf Paris anschaulich, dem alles Linksrheinische sich nicht entziehen könne.

Tip zum Bummel: vom Herzogsplatz zur Alexanderkirche

Wir können uns vorerst nicht dem nachhaltigen Eindruck entziehen, den ein Ensemble prächtiger Bauten hinterläßt: der **Herzogsplatz**. Die weißen Außenfassaden, das Grün der Bäume - eine wahrhaft herrschaftliche Kulisse.

Erbaut wurde die Vorstadt im 18. Jahrhundert mittels einer Lotterie. Die Lose wurden den Zweibrückern zum

Kauf aufgedrängt. Die Gewinne gingen meist an den Adel. Die Gebäude verdanken die Zweibrücker Christian IV., Herzog von Pfalz-Zweibrücken. Er wollte mit der Stadt einmal ganz hoch hinaus. Doch er ließ sich mehr durch das Herz als durch Machtkalkül leiten. Seine Durchlaucht heiratete ganz unstandesgemäß eine Tänzerin. Seine Söhne durften ihm daher nicht nachfolgen. Und nach Christian IV. zogen die Wittelsbacher nach Bayern und verwirklichten in München ihre Träume. Zweibrücken blieb eine Provinzstadt.

Direkt vor dem Herzogsplatz stoßen wir auf eine Stein-Figurengruppe: ein Schweinehirt mit ein paar Exemplaren seines Borstenviehs. Mit ihr soll an die Tradition erinnert werden, daß seit dem Mittelalter an dieser Stelle allwöchentlich Schweine verkauft wurden. Noch ein Detail: Auf dem Hallplatz steht ein schöner Brunnen, den der jüdische Kaufhausbesitzer Guggenheim dem bayrischen König stiftete. Deshalb heißt er auch heute noch **König-Ludwig-Brunnen**.

Wir befinden uns mittlerweile schon mitten in der beliebten Fußgängerzone. Selbst viele Lothringer und Saarländer kommen ins "Westrich", um das unkomplizierte Einkaufen zwischen Herzogsplatz und **Alexanderkirche** zu genießen. Auf diese laufen wir jetzt zu, denn ihr spitzer Turm ist schon von weitem zu sehen.

Die spätgotische Hallenkirche wurde im 15. Jahrhundert vom Baumeister Philipp Steinmetz erbaut. Sie ist die älteste Kirche in Zweibrücken, wurde in ihrer Geschichte allerdings mehrmals völlig zerstört. Die Restaurierung nach dem Zweiten Weltkrieg ist gelungen. Bestaunenswert sind unter anderem die hohen Buntglasfenster im Chor. Beeindruckend aber auch ein Gemälde des berühmten Zweibrücker Malers Mannlich. Es zeigt eine Jesusfigur, der die Alexanderkirche zu Füßen liegt.

Der Name Mannlich begegnet uns in Zweibrücken noch öfter. Schon Vater Konrad Mannlich war Hofmaler bei Christian IV., der später nachhaltig dessen Sohn Johann Christian Mannlich förderte. Der Herzog schickte den talentierten jungen Mann zur Ausbildung nach Mannheim, Paris und Rom. Danach übertrug er ihm unter anderem die Leitung der herzoglichen Zeichenschule.

Einkaufstip: Markttage

Auf dem Platz vor der Kirche ist jeden zweiten Tag Markt. Das gibt dem Luische Gelegenheit, da und dort ein paar Worte zu wechseln. Hier kennt jeder jeden. Die Preise sind günstig. Auch kleinere Anbieter, die alle Produkte selbst anbauen, kommen hierher. Äpfel, Trauben, Radieschen, Petersilie. Daneben ein Stand mit Blumen - nein, ausnahmsweise keine Rosen. "Was kost' das?", will der Dienstmann von der Marktfrau wissen. "Einsfünzig - wie wäre es mit fünzig Pfennig weniger?" versucht er beim Kauf des Blumenstrausses zu feilschen. Typisch, denn vom Luische ist überliefert, daß er den Koffer immer nur bestimmte Wegstrecken trug und dann für das Weitertragen desselben Koffers einen Zuschlag verlangte.

Wieder in altem Glanz: das Schloß

Nur ein paar Schritte vom Markt entfernt: das kurfürstliche Schloß, erbaut 1725 vom schwedischen Architekten Sundahl. Einst war es der größte barocke Profanbau nördlich der Alpen. Nach den Zerstörungen des Zweiten Weltkrieges sollten Dach und Fassade wieder im alten Glanz entstehen. Es war keine leichte Aufgabe, die vielen Details wieder zu entdecken und zu rekonstruieren. Die erhaltenen Putten und Statuen wurden an ihren Platz zurückgebracht, das kurfürstliche Wappen mit weißblauem Rautenmuster und dem Löwen ziert heute wieder die prachtvolle Front über dem Eingangsbereich.

Attraktion Nr. 1: die Rosen

Das Luische führt uns nun endlich doch zu einer der Hauptattraktionen, dem Rosengarten. 60.000 Rosen blühen hier und über 6.000 Sorten werden gezüchtet. Aber nicht nur diese Vielfalt reizt zum Bummel durch den Park. Wir erfreuen uns an so mancher "Kleinigkeit". Da plätschert das Wasser des Fontänen-Springbrunnens. Ein Pfau hat sich als Platz zum Verweilen einen Gartentisch auserkoren. Die Enten ziehen ihre Kreise auf einem Teich. Unser Blick fällt auf einen kleinen weißen Pavillon - ein Platz für Romantiker. Hier wurde so mancher Hochzeitsbund in der Hoffnung geschlossen, daß die Liebe ewig daure. Seit jeher gilt ja die Rose als Symbol der Liebe.

Und dann natürlich die Rosen selbst. Sie tragen bekannte und weniger bekannte Namen. Selbstverständlich be-

mühen auch wir uns, die Namensgebung zu durchschauen. Ähnlichkeit in Form oder Farbe? Das Rot kann es wohl nicht gewesen sein, das die Züchter zur Benennung einer Sorte nach dem früheren Bundeskanzler Konrad Adenauer inspirierte. Noch ein Politikername, "Charles de Gaulle". Wo bleibt die typische Nase? Die Rose "Steffi Graf" - ist diese wenigstens der Namensgeberin ein wenig ähnlich? Der pfälzische Fußball darf nicht fehlen: "Fritz Walter" blüht.

Noch mehr zum Thema Rosen zeigt man uns im **"Mannlich-Haus"**. Das Museum stellt Möbel und Gemälde aus dem 18. Jahrhundert aus. Aber auch hier zieren Rosenmotive zahlreiche Ausstellungsstücke, Gebrauchsgegenstände wie den Deckel einer Taschenuhr oder eine Porzellanvase. Apropos Porzellan, die seltenen Stücke stammen aus der Zweibrücker Manufaktur, die im 18. Jahrhundert in ganz Europa berühmt war. Doch leider bestand sie nur wenige Jahre.

"War was für die feinen Leute", ein bißchen Naserümpfen kann sich unser Begleiter beim Anblick des Nachttopfs mit dem üppigen Rosendekor nicht verkneifen. "Na, ob 's was geholfe' hat?!", lautet sein Kommentar. Potchambre, so klärt er uns auf, hieß der Nachttopf damals, und so nenne man ihn heute noch in Zweibrücken. Der Einfluß Frankreichs ist unverkennbar. "Deux-Ponts" - auch der Stadtname ließ sich leicht ins Französische übersetzen. So müssen wir schon ein wenig suchen, bis wir ein Bild mit dem deutschen "Zwaibruck" finden. Zweier Brücken bedurfte es nämlich, um die beiden Bacharme zu überqueren. Sie umschlossen die um 1150 errichtete Burg der Grafen von Saarbrücken.

Attraktion Nr. 2: die Rosse

Wir stehen vor einem Bild, das den französischen Kaiser Napoleon I. hoch zu Roß zeigt. Er ließ in "Deux-ponts" seinen Lieblingshengst Fayoum zurück. So können sich die berühmten Zweibrücker Pferde auf kaiserliche Herkunft berufen. Die Tradition der Pferdezucht reicht rund 240 Jahre zurück, als Herzog Christian IV. damit begann.

Da wären wir also beim nächsten Thema, den Rossen. Auf dem Übungsgelände des Zuchtgestüts schauen wir beim Dressurreiten zu. Für den Laien in Sachen Pferdesport ist nicht zuletzt das Training der Einspänner faszinierend. Spielerisch leicht scheinen sie auf dem Gelände kreuz- und querzufahren - keine leichte Übung, gilt es doch, den richtigen Abstand zu halten und die Pferde zu kontrollieren, um nicht in eine Karambolage verwickelt zu werden. Aber in Zweibrücken beherrscht man diesen Sport. Auf vielen internationalen Reit- und Fahrturnieren gab es schon Preise.

Tip: die Fasanerie

Ein Spazier- und Radweg verbindet den Rosengarten mit einem Wildrosengarten, eine Art "Ahnengalerie" der neuen Züchtungen. Dieser liegt wiederum in unmittelbarer Nähe der Fasanerie. Die neu entdeckte Burganlage und die Ruinen von Tschifflik waren früher das Lustschloß des polnischen Königs Stanislaus Lezynski. Ihm gewährte hier der schwedische König Karl XII. von 1714 bis 1719 politisches Asyl. In Polen kämpften damals Schweden, Russen und Türken um die Macht.
Der Name Tschifflik ist übrigens türkischen Ursprungs, dort war der Monarch einmal interniert. Heute stehen von der Anlage nur noch Ruinen. Französische Revolutionstruppen zerstörten sie, denn ihnen waren die Paläste der Adligen als Symbole der Unterdrückung verhaßt.

Trotzdem läßt sich heute noch gut erkennen, was dem schwedischen Architekten Jonas Ericson Sundahl beim Bau der Anlage vorschwebte: Harmonie zwischen Gebäuden und Natur. Die einst wuchtigen Mauern sind in eine Parklandschaft integriert. Erhalten ist noch die Wasserkaskade. Über Stufen plätschert das Wasser auf die darunterliegende Ebene.

Für wenige Augenblicke kehrt königliche Pracht in das verfallene Gemäuer zurück: wallende Gewänder, Rüschenhemden, gepuderte Perücken. Vor uns steht die Gruppe "Stanislaus", eine Idee des Zweibrücker Karnevalvereins. Sie erinnert mit ihren Tänzen an den polnischen König, zeigt jeweils einmal im Monat höfisches Zeremoniell zu klassischer Musik auf historischem Boden.

Kulinarische Tips: herrschaftlich, mediterran oder pfälzisch

Nach dem Tanz bittet man zu Tisch. Wo läßt es sich standesgemäß spei-

sen? Wir folgen den Herrschaften in das **Restaurant "Fasanerie"**. Das Hotel liegt direkt neben dem Wildrosengarten und bietet mit Sauna und Schwimmbad höchsten Komfort. Außerdem läßt sich durch die Gemälde des pfälzischen Malers Herrmann Croissant einiges über die Geschichte des polnischen Königs erfahren.

Dessen Aufenthalt in Zweibrücken endete mit dem Tod Karl XII. Die Zeit des Asyls war nun vorbei. Stanislaus' Tochter heiratete den französischen König Ludwig XV. So verabschiedete sich der Pole von seinem Zweibrücker Hofstaat, genoß fortan die Protektion seines Schwiegersohnes. Er wurde Herzog von Lothringen. In Nancy ließ er einen der schönsten Plätze Europas erbauen: Der Place Stanislas ist dort heute noch eine Attraktion.

Aber zurück nach Zweibrücken. Unsere Tänzer genießen bei Kerzenschein funkelnden Rotwein und vorzügliche Speisen. Auch König Stanislaus soll ein Mann von großer Sinneslust gewesen sein. Die entfaltete sich nicht nur beim Essen, sondern auch bei den Frauen. Seine Zuneigung zum anderen Geschlecht ist Legende. Er beglückte es ausgiebig, so daß ihm die holde Weiblichkeit viele illegitime Kinder gebar. Einige Zweibrücker könnten daher - ohne es zu wissen - königlich polnischer Abstammung sein. Und unser Luische? Er hat während des Mahles draußen gewartet. Diensteifrig oder vornehme Zurückhaltung? Ist der Dienstmann etwa ein verkannter polnischer Prinz?

Wir melden starke Zweifel an, denn in erster Linie dürfte das Luische Zweibrücker sein. Voller Stolz zeigt er uns das älteste Haus "seiner" Stadt. An der Einmündung zur **Poststraße** in der Fußgängerzone liegt der ehemalige **"Gasthof Hirsch"**. Das Gebäude wurde Anfang des 16. Jahrhunderts erbaut und bietet eine Besonderheit. Jeder Stein ist einzeln behauen.

Heute beherbergt das Haus ein griechisches Lokal. Die entsprechenden Spezialitäten lassen sich genießen: griechischer Salat mit Feta, Ouzo und Weißbrot - das ist etwas für den mediterran gestimmten Gast. Oder wie wäre es mit Pfälzischer Küche? Gleich gegenüber, im "Besenbruchhaus" bringt ein Metzger alle Speisen frisch auf den Tisch.

Seitdem in der Stadt neue Spielplätze gebaut wurden, ist Zweibrücken übrigens für Familien noch attraktiver geworden. Den Erwachsenen ist ein Spaziergang auf den langen Alleen zu empfehlen. Schon Goethe genoß hier, wie er schrieb, die "wohleingerichteten Esplanaden". Wer dagegen ein paar Phonstärken vertragen kann und sich nach PS-Kraft sehnt, dem sei die Grasbahn empfohlen. Hier kämpfen Motorradfahrer im Sommer um Platz und Sieg.

Ausflugstip: Römermuseum in Homburg-Schwarzenacker

Das saarländische Römermuseum Homburg-Schwarzenacker lockt uns zu einem Ausflug in die Umgebung. Es liegt nur wenige Kilometer von Zweibrücken entfernt. Die dortige römische Siedlung war einst bereits so groß wie das mittelalterliche Worms. Im Jahre 275 nach Christus wurde sie von den Alemannen zerstört, übrigblieben schwarze Äcker. Teile der Gebäude wurden wieder aufgebaut, darunter ein dem Gott Merkur geweihter Tempel. Sie bilden mit den übrigen Mauerwerken und Außenanlagen das Museum. In ihm sind die schönsten Fundstücke zu besichtigen.

Im Haus des Augenarztes hat man ein kleines Wohnzimmer nachempfunden. Eine Fußbodenheizung zeigt uns, was wir alles von den Römern gelernt haben. Die Heizröhren liegen offen und lassen die damalige Bauweise erkennen. Was hat aber der Skelettfund dort zu suchen? Irgendwann muß sich da einmal ein kleines Hündchen eingeschlichen haben, dem die Heißluft in den Heizröhren zum Verhängnis wurde.

Ausflugstip: Kloster Wörschweiler

Wir fahren weiter Richtung Wörschweiler. Im 12. Jahrhundert gründete hier der Westrichter Adel ein Zisterzienserkloster. Eine verheerende Feuersbrunst im Jahre 1614 hat jedoch nur Ruinen hinterlassen. Jahrhundertelang bedeckte Schutt das Kloster, bis der Besitzer des Grundstücks vor etwa 100 Jahren alles beiseite räumte. Die Grundrisse des Klosters kamen wieder zum Vorschein. Einige alte Grabsteine wurden aufgestellt und erzählen von Zeiten des Mittelalters, als Wörschweiler vom Benediktinerkloster Hornbach regiert wurde.

Wir folgen dieser geschichtlichen Spur nach **Hornbach** und stehen erst einmal vor einer kleinen, aber feinen Kirche: **St. Fabian**. Ihre Rundbögen verraten die Entstehungszeit. Mitte des 12. Jahrhunderts, also in der Hochromanik, wurde dieses Wunderwerk gebaut. Nicht vorbeigehen sollte man an einer besonderen Figur: dem Säulenheiligen, der heute wie damals die Decke stützt.

Direkt neben St. Fabian werfen wir einen Blick auf den Kreuzgang des **Klosters Hornbach**. Es wurde zum ersten Mal im 9. Jahrhundert erwähnt. Wechselvoll ist seitdem die Geschichte des Klosters verlaufen. Es wurde mehrfach in Kriegen zerstört, bot über viele Jahrzehnte einer berühmten Lateinschule Platz. Das Gymnasium hieß "Bipontina illustre", also vornehmes Zweibrücken.

Die Geschichte macht uns diesen gelungenen "Schwenk" zurück nach Zweibrücken möglich. Im **Stadtmuseum**: die "Bibliotheca Bipontina", Herzog Christian IV. hat sie mit aufgebaut. Sie bietet besondere Kostbarkeiten. So sind hier neben Büchern über die Gartenlust, dem besonderen Steckenpferd der Wittelsbacher, auch wunderschöne Bibelexemplare mit farbenprächtigen Bildern zu sehen. Auch eine Erstausgabe von Voltaire ist vorhanden.

"Ich will heim nach Zweibrücken ..."
Unsere Ausflugstour beenden wir schließlich in einer der Zweibrücker Kneipen. Die Stadt ist für guten Jazz und Blues bekannt, und so lauschen wir einer heimischen Band. "Bei Rosenduft und Pferdeäpfeln bin ich daheim", bekennt sich der Sänger zu seiner Stadt. Und zur Chicago-Blues-Melodie stimmt das übrige Quartett in den Refrain mit ein: "Ich will heim nach Zweibrücken ...".

Dieser Beitrag beruht auf der Grundlage des Films von Jürgen Bergs.

So kommt man hin
Mit der Bahn: Nach Zweibrücken gibt es mehrere Zugverbindungen; von Mainz aus über Bad Kreuznach und Kaiserslautern, aus Richtung Heidelberg und Mannheim, aus Karlsruhe über Landau und Pirmasens, aus Richtung Saarbrücken.
Mit dem Auto: über die A 8 Pirmasens/Saarlouis.

Touristische Informationen
Büro für Fremdenverkehr
Herzogstr. 1
66482 Zweibrücken

Tel.: 06332-871-123
Fax: 06332-871-100

Mit ritterlicher Empfehlung – Sickinger Höhe und Wallhalbtal

Die Wanderregion Sickinger Höhe - Wallhalbtal gehört zu einer der ältesten Kulturlandschaften Deutschlands. Der Landstrich gehörte einst zum Gebiet des Reichsritters Franz von Sickingen, der seinen Sitz auf der Burg Nanstein bei Landstuhl hatte. Der Reiz der Landschaft besteht im Wechsel von Tälern und Höhenzügen mit bewaldeten Hängen.

Meist liegen die Orte auf der Höhe in der Nähe des fruchtbaren Ackerlandes. Mancher Heimatdichter hat die schöne, aber wenig bekannte Ecke der Pfalz in Verse gefaßt, so auch Rolf Büssecker. Er trägt für uns seine Liebeserklärung vor - die Übertragung ins Hochdeutsche mag er uns verzeihen:

"Wallhalbtal - klein und schmal;
Mühlenland - kaum bekannt;
stille Wälder - Grumbeerfelder;
alte Kultur - viel Natur;
einmal da, hingezogen - Wallhalbtal."

Besuch beim letzten deutschen Ritter

Ausgangspunkt unseres Streifzuges durch diese Gegend ist die **Burg Nanstein** bei **Landstuhl**. 1160 wurde sie von Kaiser Barbarossa erbaut, durch Heirat kam sie 1475 an die Ritter von Sickingen. Der berühmte

Franz von Sickingen, der "letzte deutsche Ritter", baute sie aus. Von hier führte er Kriege gegen mächtige Fürsten und reiche Städte. Der Heimatdichter Heinrich Kraus hat ihm in einem Volksstück ein Denkmal gesetzt. Das proben die Schauspieler der Burgspiele Landstuhl, bei denen wir Station machen. In schönster Mundart führen sie uns eine Szene aus "Der letschte Ritter" vor. Auf unterhaltsame Weise erfahren wir, mit wem sich der Franz alles angelegt hat.

Er träumte von einem einigen, starken deutschen Reich und wollte das Ansehen der verarmten Ritterschaft stärken. Franz von Sickingen organisierte Söldnertruppen, mischte so bei mancher Fehde mit. Viele Feldzüge gewann er, die Landsknechte liebten ihn und eilten zu seinen Fahnen - mit dem Wappen der Ritter von Sickingen und den fünf silbernen Kugeln im schwarzen Schild. Gemeinsam mit seinem Freund Ullrich von Hutten nahm er auch an der geistigen Revolution regen Anteil. Sie waren Anhänger und Förderer Luthers und der Reformation. 1523 fiel er bei der Belagerung der Burg Nanstein durch die Kurfürsten Trier und Kurpfalz und ihre Verbündeten.

Die Burg wurde zerstört, wieder aufgebaut - und erneut in Trümmer gelegt. Heute bemühen sich Heimat- und Sickingen-Freunde um den Erhalt der Ruine und um das Andenken des Ritters. Ein Teil seines ehemaligen Reichsgebietes trägt seinen Namen: die Sickinger Höhe, verbunden mit dem Wallhalbtal. Es ist die heutige Verbandsgemeinde **Wallhalben**.

Ausflugstip: Mühlenwanderweg

Von der Burg Nanstein brechen wir nun zu einem reizvollen Ausflug auf. Wir betreten einen 23 Kilometer langen Wanderweg, der an insgesamt 13 Mühlen vorbeiführt. Es ist ein flacher Wanderweg und besonders für ältere Menschen und Kinder geeignet. Außerdem führen gut ausgeschilderte Radfahrwege in Schleifen parallel zum Tal.

Die Räder der Mühlen stehen schon lange still. Selbst oder gerade im Winter - das Dach mit Schnee überzuckert, Eiszapfen an der Dachtraufe - läßt sich ein Hauch alter Mühlenromatik spüren. Wir machen Station in der **Rosselmühle**. Sie wird von ihren Besitzern als privates Mühlenmuseum geführt.

Wer es besichtigen will, muß sich telefonisch anmelden. Man erlebt dafür die einzige funktionstüchtige Mühle im ganzen Tal. Der Blick in das Innere: Zahnräder, Keilriemen ... In der Mühle, die seit 1875 in Familienbesitz ist, hat sich darüber hinaus so Allerlei angesammelt, wie beispielweise ein schöner alter Schleifstein, früher ebenfalls von Wasser angetrieben.
Bis vor wenigen Jahren lebte hier das Ehepaar Luxenburger noch vom Kornmahlen. Doch die Deutschen essen weniger Brot, und das Mehl dazu kommt heute meist aus der Fabrik. Hühnerfutter ist das einzige, was auf der Mühle gelegentlich noch gemahlen wird. Bei den Walzenstühlen zeigt Adolf Luxenburger uns das Zusammenspiel der mechanischen Teile. Er ist einer der letzten Müller in der Pfalz. 50 Jahre war das sein Beruf.

Einkehrtip: Kneispermühle

Eine Rast sollte man auf dem Wanderweg auf jeden Fall einplanen: die Kneispermühle. Früher war sie eine herrschaftliche Bannmühle, d. h. die Müller aus den umliegenden Orten durften nur beim Müller der Kneispermühle ihr Korn mahlen lassen. Seit den fünfziger Jahren ist die Mühle eine gemütliche Waldgaststätte mit gehobener Küche - ein beliebtes Ausflugsziel. Dem Feriengast bietet sie außerdem Übernachtungsmöglichkeiten.

Draußen rauscht unterdessen die Wallhalbe vorbei. Der Bach hatte einst europäische Bedeutung. Im 9. Jahrhundert war er Teil der Trennungslinie, die das Reich Karls des Großen im Vertrag zu Verdun in drei Teile zerschnitt. Der westliche Teil ging an

Lothar und ist das heutige Lothringen. Den östlichen erhielt Ludwig der Deutsche. Zum Mühlenbach wurde die Wallhalbe durch ihre Lage, denn die Sickinger Höhe war die einstige Kornkammer der Pfalz. Doch mit zunehmender Technisierung blieben alle Mühlenräder stehen. Mancher Müller erlernte deshalb schon frühzeitig einen zweiten Beruf, den des Bäckers.

Von dieser Entwicklung blieb auch unsere nächste Station, die Wallhalber Mühle, nicht verschont. Sie geht auf die Grafen von Leinigen zurück, die Anfang des 14. Jahrhunderts die Herren von Wallhalben waren. Zu Beginn des 19. Jahrhunderts ersteigerte ein Vorfahre der heutigen Besitzer die Mühle. Sie ist nun in der sechsten Generation im Familienbesitz.

Karl Ritter, Bäckermeister und Müller, baute 1965 das Mühlrad ab und erweiterte die Bäckerei. Heute führt er sie mit seinen Söhnen. Er erinnert sich nur ungern an die Zeiten des Müller-Daseins. Diese waren keineswegs romantisch. "Die Mühle war kalt, war nicht beheizt", erzählt er uns. "Sie war schwer vom Ungeziefer freizuhalten. Man mußte immer putzen. Der Mehlstaub zog durch die Ritzen in die Wohnung. Es polterte Tag und Nacht. Wenn die Mühle stehenblieb, wurden wir wach und wußten, daß etwas kaputt war." Und gab es einen nassen Sommer, so war das Mehl relativ schlecht backfähig.

Die Zeiten sind nun vorbei, und Karl Ritter backt wieder mit Lust nach alter Tradition Sechspfünder-Sauerteigbrote. Der klassische Sauerteig muß über mehrere Stunden fünf Gärstufen durchlaufen, bevor der Teig zum Brot ausgebacken werden kann. Diese Art der Teigführung ohne Backhilfsmittel gibt dem Brot ein besonderes Aroma, und es hält lange frisch. Schon Franz von Sickingen soll von dieser alten Brotbackkunst geschwärmt haben. Karl Ritter backt seine Sechspfünder zweimal die Woche und nur auf Bestellung.

Ausflugstip:
Kapelle Maria Bildeich

Die Wallfahrtsstätte der Sickinger Höhe ist die Kapelle Maria Bildeich bei Obernheim-Kirchenarnbach. Die Sage, die sich um diese Kirche rankt, greift gegenreformatorisches Gedankengut auf. Religiöse Darstellungen wurden seinerzeit von Bilderstürmern in Nischen oder Höhlen von Eichen versteckt. Der Legende nach soll das Marienbild einer alten Eiche entnommen und in die Pfarrkirche nach Kirchenarnbach gebracht worden sein. Das Bild sei aber immer wieder auf seinen alten Platz in der Eiche zurückgekehrt. Als die altersschwache Eiche zersplitterte, errichteten die Gläubigen die Kapelle, in der das Marienbild seinen Platz fand.

Ausflugstip: Das Rosendorf

Bei unserem winterlichen Besuch in **Schmitshausen** blühen natürlich keine Rosen - im ersten Rosendorf Deutschlands. Unsere Aufmerksamkeit gilt daher zuerst den Buntsandsteinhäusern, die für diese Region typisch sind. Im Sommer verwandelt sich das ganze Dorf in einen Rosengarten. Die Rose ist das Symbol für

Freundschaft, Frieden und Völkerverständigung. Beim jährlichen Rosenfest werden Freundschaften zu den europäischen Nachbarn Luxemburg und Frankreich gepflegt.
Nach altem Brauch gibt es dann Rosenbowle und Rosenlikör, den man allerdings auch bei weniger hohen Temperaturen zu sich nehmen kann. Daher schauen wir in der Brennerei von Familie Hartenstein vorbei, die den Rosenlikör herstellt. Die Brennerei besteht seit 100 Jahren. Damals wurde ausschließlich Kartoffelschnaps hergestellt. Seit 1967 verarbeitet Manfred Hartenstein alle Arten von Obst. 38 verschiedene Edelbranntweine und Liköre stellt der Familienbetrieb mittlerweile her. Einige Schnäpse wurden sogar schon prämiert.

Auf dem **Wieselbornhof** bei Schmitshausen lernen wir eine weitere Besonderheit der Region kennen. Die Sickinger Höhe ist bekannt für ihre Pferdezucht. Jahrhundertelang war das Pferd für die bäuerlichen Betriebe ein unentbehrlicher Helfer. Auch das Militär hatte Bedarf. Die Besitzer des Wieselbornhofes züchten seit 1980 Rennpferde. 40 Pferde sind es zur Zeit.

Das Gestüt gehört der Familie Meyer. Jürgen Meyer ist in der Umgebung der einzige Hufschmied. Der 22jährige beschlägt sowohl die eigenen Pferde als auch die der anderen Züchter auf der Sickinger Höhe. Zudem ist Jürgen Meyer nicht nur Pferdezüchter und Hufschmied, sondern auch Amateurreiter. Er trainiert die jungen Pferde. Die Pferde des Gestüts nehmen regelmäßig an Rennen teil. Bei den Rennen sitzt als Jockey seine Freundin Kerstin Neumann im Sattel. Sie hat es im Galoppreiten schon bis zur Europameisterin gebracht.

Erholung: Wasserschaupfad

Vom Wieselbornhof aus nehmen wir den Wanderweg durch den Becherswald zum Wasserschaupfad ins Odenbachtal. Hier hat die Kraft des Wassers in vielen tausend Jahren die Natur zu einer wildromantischen Landschaft geformt.
Die markanteste Stelle liegt im sogenannten "Kessel". Beim winterlichen Drehtermin müssen wir uns allerdings den Weg ein wenig "freikämpfen". Hochwasser und entwurzelte Bäume versperren uns den ungehinderten Zugang. Entlohnt werden wir aber durch den Anblick gleich mehrerer Wasserfälle. Im Sommer ist der Kessel ein wunderbarer Platz der Erholung.
Ebenfalls interessant sind die Buntsandsteinformationen, die der Odenbach formte, als er sich sein Bett grub. Entlang des Wanderweges lagern massive Sandsteinfelsbänke, die auch "Kugelfelshorizont" genannt werden. Der Volksmund sagt, daß Franz von Sickingen diese Kugeln als Geschosse für seine Kanonen genommen habe.

Ausflugstip:
Kirche zu Labach

Ziel unseres nächsten Ausfluges ist die gotische Kirche zu Labach, ein mittelalterliches Kunstdenkmal. Auf einem Hügel, umsäumt von Linden, erhebt sich ihr achteckiger Turm. Er ist das geschichtliche Wahrzeichen der Sickinger Höhe.

Zum erstenmal urkundlich erwähnt ist die Kirche 1264. Die Bewohner waren die Mönche des Klosters Wörschweiler. Später unter der Herrschaft Franz von Sickingens war sie eine der ersten lutherischen Pfarreien. Damals war Labach auch Sitz eines Kleingerichtes. Auf einem Stein bei der Kirche erkennen wir einen Laubbaum mit dem Sickingerwappen und der Jahreszahl 1700.

Die Wände des Innenraumes der Kirche zierten einst lebensgroße Freskengemälde. Doch der Zahn der Zeit nagte heftig an ihnen. So wurden sie bereits im vorigen Jahrhundert übertüncht. Der Raum strahlt dennoch schlichte Schönheit aus. Im Chor steht eine Muttergottesstatue. Sie soll 600 Jahre alt sein. Ein Sagenkranz, der sich um die Muttergottes windet, erhöht die Verehrung dieses alten Heiligtums. Gut erhalten blieb von der Gesamtanlage auch der gotische Torbogen, die sogenannte Totenrast.

Brauchtum: Bruder-Konrad-Ritt

Die Kirche ist Ausgangspunkt des Bruder-Konrad-Ritts, einer der wenigen Bräuche der Sickinger Höhe, die bis heute erhalten blieben. Diese Reiterprozession führt alljährlich am ersten Sonntag im Mai zur Allerheiligen Kirche nach Wallhalben. Ihr schließen sich viele Reiter an, obwohl die Pferdehaltung zurückgegangen ist. Es sind daher weniger die Bauern als vielmehr die Pferdeliebhaber, die an der Prozession und dem anschließenden Gottesdienst teilnehmen.

Die Reiterprozession dient der Verehrung des Hl. Bruder Konrad von Parzam, dem jüngsten Heiligen Deutsch-

lands. Johannes Birndorfer, so der bürgerliche Name, trat 1849 mit 22 Jahren in den Kapuzinerorden ein. Er verbrachte sein ganzes Leben als Pförtner im Kloster Altötting in Bayern. Den Armen, die an seine Klosterpforte klopften, gab er zu essen und zu trinken, spendete Trost und Rat. Sein soziales Engagement brachte dem einstigen Bauern schon zu Lebzeiten die Verehrung des Volkes ein.

Der Pfälzer Kapuzinermönch Anton Keßler veranlaßte 1934 seine Seligsprechung. Er ließ auch Reliquien nach Labach kommen. Seit den dreißiger Jahren findet die Prozession in der Pfalz statt. Die Landbevölkerung wählte den Heiligen zum Schutzpatron für Felder, Flure und Tiere. Im Dritten Reich war der Brauch verboten, weil die Machthaber darin eine Gefahr für ihr eigenes Weltbild sahen.

Gegen Hunger hilft das "Sickinger Gold"

Die Sickinger Höhe war nicht nur die Kornkammer, sondern auch der Kartoffelkeller der Pfalz. In der landwirtschaftlich geprägten Region gehörten Märkte früher zum Alltag. Heute erinnert man sich wieder an diese Tradition. Repräsentantin der Gegend ist daher nicht wie andernorts in der Pfalz eine Weinkönigin, sondern eine Marktgräfin.

Wir treffen die derzeitige Amtsinhaberin Sandra I., die zwei Jahre lang das Sickinger Land auf regionalen und überregionalen Veranstaltungen repräsentiert. Zu ihren Aufgaben gehört es, altes Handwerk und Brauchtum neu zu beleben. Mit ihr schreiten wir über einen kleinen Bauernmarkt, wie er in dieser Gegend hin und wieder abgehalten wird. Das Spinnrad dreht sich, Körbe werden geflochten. Die Vorführung des alten Handwerks gehört genauso zu diesen Veranstaltungen wie die Stände mit ihren Angeboten von der Feldfrucht, über Hausgeschlachtetes bis hin zu Schnaps oder Honig. Und die Kartoffel darf nicht fehlen. Vor 300 Jahren eroberte sie das Bauernland. Sie hat dazu beigetragen, Hungersnöte zu verdrängen, die im Mittelalter häufig waren. So wurde die Knolle zum "Sickinger Gold". Noch werden 250 Hektar Grumbeere, wie die Pfälzer sie nennen, angepflanzt. 60 Sorten werden als Speisekartoffeln angeboten. Grumbeere-Gerichte aus Urgroßmutterstagen erleben eine Renaissance.

Denn die Vielseitigkeit der Knolle für eine gesunde Ernährung ist unbestritten. Sie ist natriumfrei, enthält wertvolle Nährstoffe und viel Vitamin C. Außerdem ist sie ein billiges Lebensmittel. Die Landfrauen der Sickinger Höhe haben sich auf Grumbeere-Rezepte spezialisiert. Für unser hungriges Drehteam geben sie eine Kostprobe.

Dieser Beitrag beruht auf der Grundlage des Films von Hannelore Engler.

"Grumbeere"-Waffeln

Rezept der Landfrauen der Sickinger Höhe

Zutaten:
300g Mehl, 20g Hefe, 1/4 l Milch (lauwarm), 1 kg geriebene Kartoffeln, 2 Stangen Lauch (geschnitten) 3 Eier, Pfeffer, Salz, Muskat, Maggie. 250g gewürfeltes Dörrfleisch

Zubereitung:
Aus Mehl, Hefe und Milch einen Teig ansetzen und gehen lassen. Kartoffel, Lauch, Eier und Gewürze verrühren und unter den Hefeteig heben. Dörrfleisch auf dem Waffeleisen kurz anbraten (portionsweise), Teig darauf geben und backen.

So kommt man hin
Die Region Sickinger Höhe - Wallhalbtal liegt im Städtedreieck Landstuhl, Pirmasens, Zweibrücken.
Mit dem Zug: Nächstgelegener größerer Bahnhof ist Landstuhl.
Mit dem Auto: aus Richtung Mannheim kommend über die A 6 ebenfalls bis Landstuhl, von dort in südlicher Richtung weiter bis Wallhalben.

Touristische Informationen
Verbandsgemeindeverwaltung
Wallhalben – Verkehrsamt
Rathausplatz 1
66917 Wallhalben

Tel.: 06375-921-150

Von Wandermusikanten, Schnapsbrennern und anderen Lebenskünstlern

Das Kuseler Musikantenland

Das Musikantenland gehört zum Nordwestpfälzer Bergland rund um das Kreisstädtchen Kusel. Es ist ein malerischer Landstrich, zwischen Kaiserslautern und Saarbrücken gelegen, eine Hügellandschaft, die aus den Flußtälern von Glan und Lauter bis zur Höhe von 586 Metern emporsteigt.

Der besondere Reiz: viel Natur in einer weitgehend landwirtschaftlich geprägten Region, fischreiche Flüsse mit sauberem, klarem Wasser. Und dann ist da natürlich noch die Musik, ein Thema, das uns noch "verfolgen" wird.

Spurensuche:
Von der Westpfalz nach Amerika ...

Unseren ersten Ausflug unternehmen wir zur **Burg Lichtenberg**. Sie ist das Wahrzeichen der Region und eine der größten Burganlagen Deutschlands. Heute stehen überwiegend nur noch Mauerreste von dem einst stattlichen Trutzbau, dessen Anfänge bis ins frühe 13. Jahrhundert zurückreichen.
Die mächtige Anlage entstand aus dem Zusammenschluß zweier ursprünglich getrennter Burgen auf dem Lichtenberg. Ende des 18. Jahrhunderts wurde das Bollwerk, das sich sowohl im Besitz der Grafen von Vel-

denz als auch des Herzogtums Pfalz-Zweibrücken befand, durch Brand fast völlig zerstört.
Ein Modell der einstigen Burganlage läßt uns die ursprünglich großen Dimensionen erahnen. Es steht in der ehemaligen Zehntscheuer - heute ein Museum und zwar ein ganz besonderes. Hier - im Musikantenlandmuseum - ist man mittendrin in der Geschichte der Region. Neben einer kleinen naturwissenschaftlichen Sammlung wird in einer beachtlichen Dauerausstellung an die Westpfälzer Wandermusikanten erinnert. Darunter befindet sich zum Beispiel Rudolf Mersey, der sogenannte "Aschbacher Mozart", ein hervorragender Komponist.

Er gehörte zu den zeitweise 2500 Wandermusikanten aus dem Kuseler Land, die zwischen 1830 und 1930 in alle Welt zogen, um mit dem Musizieren den Lebensunterhalt für die daheimgebliebenen Familien zu verdienen. Mit einem Leiterwagen zogen die sogenannten "Partien", bis zu 15 Mann starke Kapellen unterschiedlichster musikalischer Besetzung, im Frühjahr los zur nächsten Bahnstation. Von dort ging 's dann in alle Herren Länder - eine Reise, die mindestens bis zum Winter dauerte, manchmal auch anderthalb Jahre, und von der einige überhaupt nicht mehr zurückkehrten. Viele waren hochangesehene Musiker. So bestand Frank Sinatras erste Begleitband aus Westpfälzer Wandermusikanten.

... und zurück ins Musikantenland

Im Museum lassen sich Beispiele aus der Wandermusikantenzeit via Kopfhörer genießen. Auch wir wollen bei den Dreharbeiten - allerdings live - die Musik wiederaufleben lassen. Ausge-

wählt haben wir dazu ein Duett für Geige und Klavier aus der Feder des "Aschbacher Mozarts". Unsere Interpreten sind zwei Könner, die auch auf einer im Museum erhältlichen CD zu hören sind: Klaus Patschicke, Mitglied des Südwestfunk-Sinfonieorchesters Kaiserslautern, und Paul Engel, ein pensionierter Studiendirektor aus Kusel und Mitinitiator des Museums.
Als Paul Engel jedoch in die Tasten des originalen Ausstellungsstückes greift, entpuppt es sich als arg verstimmt. Die Dreharbeiten abbrechen? Doch wir wagen ein kleines technisches Abenteuer und nehmen das Duett von der CD vom Kopfhörerlautsprecher auf die Tonspur unserer Filmkamera auf. Dann spielen wir es so laut wieder ab, daß Geiger und Pianist dazu quasi "Play-back" musizieren können. Den richtigen Ton mischen wir später von der Original-CD im Tonstudio des Landesfunkhauses Mainz dazu. Ein abenteuerlicher "Kunstgriff", aber es hat glücklicherweise geklappt.
Schön finden wir die Darstellung, die man im Museum für die Reiseziele gewählt hat: Eine Karte mit Geldstücken aus nahezu jedem Land der Erde. Fotos der sogenannten Musikantenhäuser zeugen davon, daß einige Musiker nicht nur ordentlich Geld, sondern gleich auch den eleganten Baustil mit in die Heimat brachten.

Bescheidener nimmt sich das vierrädrige Zuhause eines Zirkuswagens aus, das ebenfalls zu entdecken ist. Es zeigt, daß auch der Zirkus immer wieder ein beliebter Arbeitgeber war. Und es gibt den Hinweis darauf, daß zwar einige Musiker zu Ruhm und Ansehen gelangten - immerhin stammt der Zeremonialmarsch des Weißen Hauses von einem Westpfälzer Wandermusikanten -, aber die Zeiten waren meist alles andere als idyllisch. Der Broterwerb begann schon in früher Jugend. Im Alter von zehn Jahren als Musiker nach Amerika? Was heute wie ein Traum klingt, stellte damals die Familien auf eine harte Probe. Das Musikantenlandmuseum zeigt daher recht anschaulich, daß sich der Reichtum meist sehr in Grenzen hielt.
Im benachbarten **Burgrestaurant** kann man sich verwöhnen lassen. Neben einfacheren, regionalen Gerichten ist Familie Emrich vor allem für ihre Fischspezialitäten bekannt.

Kusel und der berühmteste Sohn der Stadt

Kusel ist der Verwaltungs- und Einkaufsmittelpunkt der Region. Hier leben rund 6000 Einwohner, es gibt weiterführende Schulen, ein Krankenhaus und den Sitz der Kreisverwaltung. Das Städtchen gehört zwar zu den ältesten, bereits in karolingischer Zeit erwähnten Orten der Region. Alte Bausubstanz findet sich allerdings keine mehr, da der Ort 1794 fast völlig zerstört wurde. Trotzdem läßt sich hier einiges entdecken und erleben. Wasserratten zieht es in den **Bade- und Freizeitpark** mit einer 64 Meter langen Wasserrutsche, Massagewand und Minigolfanlage. Der Kunstfreund blickt in die **Stadtkirche** mit ihren herrlichen, von Johannes Kriebitzsch geschaffenen Glasfenstern. Oder er lauscht dem Glockenspiel, das mittags am **Rathaus** das Kusellied erklingen läßt und uns erneut auf die Spur der Musik führt.

Komponiert hat das Lied nämlich ein Sohn dieser Stadt, der es zu Weltruhm brachte: der Tenor Fritz Wunderlich. Opernfreunde aus aller Welt zieht es in das nahe des Marktplatzes gelegene **Stadtmuseum**. Es verfügt neben der kleinen, aber exquisiten Sammlung von Exponaten zur Stadtgeschichte über Fritz Wunderlich gewidmete Ausstellungsräume.
Hier kann man seltene Fernseh- und Filmaufnahmen studieren oder sich Platten- oder Rundfunkeinspielungen auflegen lassen. Man verfügt hier über das weltweit größte Wunderlich-Schallarchiv. Vitrinen mit raren Dokumenten lassen die Herzen der Fans höher schlagen. Auf unzähligen Fotos wird der im Alter von 36 Jahren verstorbene Tenor aus Kusel wieder lebendig.
Wer mit Museumsleiterin Ilse Hinkelmann ins Gespräch kommt, erfährt noch ein wenig mehr über den menschlich gebliebenen Star-Tenor, den sie noch persönlich kannte. "Ich habe miterlebt, wie Fritz Wunderlich mit seinem großen Mercedes vor dem Haus seiner Mutter vorfuhr", erzählt sie uns. "Er ist ausgestiegen, dann haben die kleinen Bengels auf dem Bolzplatz gegenüber gerufen - 'Fritz!'. Er hat sein Jackett ausgezogen und erst mal ein wenig mitgekickt."

Auch die Namensgebung der Fritz-Wunderlich-Halle weist auf die Verehrung hin, die man dem großen Sohn der Stadt entgegenbringt. Wenn in dieser Halle zum Beispiel das Westpfälzische Sinfonieorchester des Musikvereins Kusel auftritt, zeigt sich, daß die Region die Traditionen fortführt. Das ambitionierte Amateur-

Orchester besteht aus heimischen Musikern. Und es gibt sie auch noch, die Wandermusikanten. "Das Katastrophenorchester", eine Gruppe um die Gebrüder Adam und Karl-Ernst Seitz aus Altenglan, bricht wie die Kollegen anno dazumal heute wieder aus dem Kuseler Land auf, um in der Fremde Gastspiele zu geben.

Tip: Brauereibesichtigung

Noch auf einem anderen traditionsreichen Sektor kann man in Kusel fündig werden. Die **Brauerei Emrich** gehört zu den selten gewordenen kleinen Privatbrauereien. Sie bietet Führungen durch den Familienbetrieb an. Wir begleiten dabei eine Besuchergruppe, die vom Chef persönlich geführt wird. Ob Sudhaus oder Gärkeller - wir lernen alle Stationen der Herstellung kennen, erfahren, daß die Kühlung für die Bekömmlichkeit wichtig ist, stehen vor der hochmodernen, vollautomatischen Flaschenabfüllanlage. Und zu einer richtigen Führung gehört die zünftige Bierprobe natürlich dazu. Es sei an dieser Stelle verraten: Der Chef kann nicht nur gut zapfen, sein Bier schmeckt ihm auch selbst - keine Selbstverständlichkeit unter Brauereibesitzern.

Ausflugstip: Mit dem Mountainbike nach Bosenbach

Auch die Sportlichen kommen im Musikantenland auf ihre Kosten. Wir entdecken da beispielsweise die Pauschalangebote für Mountainbiker des **Hotels Felschbachhof** in **Ulmet**. Wer durchtrainiert ist, kann mit Hotelier Stefan Klinck selbst auf Tour gehen - auch bei winterlichen Temperaturen, wie sie bei den Dreharbeiten für den "Fahr mal hin"-Film herrschten. Lohnende Ausflugsziele finden sich eben zu jeder Jahreszeit.

So zeigt Stefan Klinck seinen Gästen und uns die **Wolfskirche** in **Bosenbach**. Sie steht auf dem Friedhof etwas außerhalb des Ortes. In ihrem Turm gibt es interessante romanische Malereien aus dem frühen 14. Jahrhundert zu studieren. Aber auch ein römischer Steinlöwe ist zu bewundern. Vorfahren, die noch nie einen Löwen gesehen hatten, hielten ihn für einen Wolf. So kam der Sakralbau zu seinem Namen: Wolfskirche. Der Sarg eines Legionärs erinnert an die römische Vergangenheit der Region. Solche Spuren aus der Antike lassen sich im Musikantenland übrigens an fast jeder Ecke finden. Archäologisch Interessierten sei zum Beispiel ein weiterer Ausflug empfohlen. Die **Villa Rustica** bei **Herschweiler-Pettersheim** ist ein ausgegrabenes römisches Landhaus. Es liegt etwas abseits des Ortes im Wald.

Ausflugstip: Mit dem Planwagen nach Gimbsbach

Wer die Gegend auf etwas gemütlichere Art kennenlernen möchte, kann ein besonderes Angebot wahrnehmen: das Planwagenfahren durch unzerstörte Natur. Solche Kutschfahrten kann man in verschiedenen Orten buchen, die Preise sind abhängig von der Größe des Wagens und der Länge der Strecke. Auch mit diesem Fortbewegungsmittel machen wir uns zusammen mit einer Ausflüglergruppe zu einem Abstecher in die Region auf.

Er führt uns unter anderem nach Gimbsbach. Die protestantische Dorfkirche, ein Bau von 1747, weist aufgrund ihrer Innenausstattung einige Besonderheiten auf. Die Kostbarkeiten erschließen sich nicht gleich auf den ersten Blick. Im Altarbereich finden sich außergewöhnliche Holzschnitzereien, so eine Darstellung von Jakobs Traum von der Himmelsleiter. Neben religiösen und ländlichen Motiven gibt es aber noch ein für Kirchenräume recht außergewöhnliches: Für den Betrachter etwas verborgen, lauert der Teufel auf der Rückseite des Altargestühls. Schnell enthüllt sich uns aber, was er bewacht. Drunter steht die Kiste mit dem Messwein.

Kulinarisches: Hochprozentig und deftig

Die Planwagenfahrt macht den anschließenden Besuch im nahen **Matzenbach** "ohne Reue" möglich.

Unsere Ausflügler lassen sich dort zur **Schnapsbrennerei Müller** chauffieren. Mundgeblasene Flaschen von der nicht ganz jugendfreien Kreation - beim Anfeuchten des Etikettes eines besonderen Exemplares lassen die darauf abgebildeten Damen die Hüllen fallen - bis zur eleganten Designerflasche reicht die Auswahl. Natürlich besichtigen unsere Begleiter auch die Brennerei und nehmen an einer Schnapsprobe teil. Im Preis von zehn Mark pro Person war ein kleines Essen von hervorragender Qualität enthalten. Außerdem verleiht es unserer lustigen Gruppe ein wenig Sattelfestigkeit beim Genuß der hochprozentigen Spezialitäten.
Auf gutes Essen trifft man im Musikantenland trotz der Einsamkeit und der Weitläufigkeit der Region vielerorts. Wanderern bieten sich preiswerte Einkehrmöglichkeiten wie beispielsweise im mitten im Wald bei Kusel gelegenen **Hubehaus.** Neben solchen urigen Gaststätten gibt es auch noch Hütten des Pfälzerwald-Vereins, die auf zünftige Wandergruppen eingestellt sind.

Unsere Radwanderer speisen natürlich auf "ihrem" **Felschbachhof**. Dort steht eine breite Palette vom Saumagen bis zum Wachtelbrüstchen auf der Speisekarte. Wir schauen dem Chefkoch bei der Zubereitung von Blutwurstravioli mit Leberwurstlauchsauce ein wenig über die Schulter. Die Zutaten lassen auf den ersten Blick auf typisch pfälzische Küche schließen. Doch die Zubereitung entpuppt sich als eine interessante Mischung aus Haute Cusine und Pfälzer Deftigkeit.

Eine weitere "Essenswelt" findet sich in **Waldmohr**. Im **Le Marmiton** gibt es Spitzenküche zu für Großstädter erstaunlich zivilen Preisen. Chefkoch und Inhaber Louis Buhr serviert hier seinen Gästen. Was schätzt ausgerechnet einer, der aus der gerühmten Touristikhochburg Elsaß kommt, an der Westpfalz? Sie erinnere ihn sogar ein wenig an das Elsaß, sei wie dieses ein Weingebiet, erklärt er uns und ergänzt: "dann das Essen - die Landschaft ist sehr schön, die Leute sind nett". Wer die Gegend kennenlernt, wird Louis Buhr verstehen. Denn ein bißchen von französischer Mentalität geprägt ist man schon. An "Pfälzisch-Sibirien", wie Spötter einst den Landstrich bezeichneten, erinnert hier wirklich nur der manchmal etwas rauhere Winter.

Reizvoll - zu allen Jahreszeiten

Diesen rauhen Winter erleben wir, als wir zu einem weiteren Streifzug aufbrechen. Der **Wildpark** auf dem **Potzberg** ist zwar auch in der kalten Jahreszeit geöffnet, aber vor allem an wärmeren Tagen ein lohnendes Ausflugsziel für Familien. Beliebt ist er vor allem wegen seiner Greifvogelschau. Für uns bleibt heute nur der Kameraschwenk über das von Schnee überzuckerte benachbarte **Turm- und Hotelrestaurant**. Es ist ein originelles, im Burgstil erbautes Hotel mit einem romantischen Rittersaal. Ein Blick auf die Karte zeigt uns: Die Preise sind für die Ausstattung und den gebotenen Service erstaunlich niedrig.
Ebenfalls zu allen Jahreszeiten reizvoll ist ein Besuch des **Ohmbachstausees**. Man genießt die Eisidylle

am zugefrorenen See. Der verwandelt sich im Sommer dann zu einem echten Badeparadies. Und noch ein Tip: die Segelflieger in **Langenbach**. Ihr Verein hat außerdem noch eine herrliche alte Piper im Hangar stehen. Sie bieten Rundflüge für Touristen und Ferienkurse für Luftsportinteressierte an, die das Fliegen einmal ausprobieren möchten.

Dieser Beitrag beruht auf der Grundlage des Films von Andreas Berg.

Blutwurst und Linsen im Teigmantel auf Leberwurstlauchsauce

Rezept vom Felschbachhof

Zutaten:
- für den Nudelteig:
Aus 600g Mehl, 6 Eier, etwas Salz, Olivenöl und eventuell Wasser einen glatten Teig zubereiten. Den Teig ruhen lassen, dabei mit einem feuchten Tuch oder etwas Mehl abdecken, damit er nicht austrocknet.

- für die Blutwurstfarce:
2 1/2 Blutwürste, 2 mittelgroße Zwiebeln, 2 mittelgroße Äpfel in kleine Würfel schneiden. 100g Linsen weich kochen und auf einem Sieb auskühlen lassen; zum Würzen Salz, Majoran und etwas Himbeeressig

Zubereitung:
Die Zwiebeln in etwas Öl glasig dünsten, danach die Äpfel dazugeben. Bevor Äpfel und Zwiebeln Farbe bekommen mit einem Schuß Himbeeressig ablöschen, nun die Linsen dazugeben, mit Salz und Majoran würzen, alles gut durchrühren, den Topf vom Herd ziehen und die Blutwurst untermengen; die Farce auf einem Teller erkalten lassen.

Nun den Teig mit Hilfe einer Nudelmaschine oder eines Nudelholzes sehr dünn ausrollen - falls ein Raviolibrett vorhanden ist, eine Teigplatte in die Form setzen, die Mulden mit der Farce füllen, Zwischenräume mit Eigelb bestreichen und die zweite Teigplatte darüberlegen. Die Teigplatte mit dem Nudelholz aneinanderdrücken und aus der Form lösen. Sollte kein Raviolibrett vorhanden sein, auf die eine Seite des Teiges die Farce mit einem Teelöffel in angemessenem Abstand verteilen, dazwischen mit Eigelb streichen, dann die andere Hälfte des Teiges darüberlegen und die Zwischenräume aufeinanderdrücken. Nun mit einer Form oder mit dem Messer kleine Teigtaschen ausstechen.

Die Teigtaschen werden in siedendem Wasser - nicht kochend - ca. 8 Minuten gargezogen.

Leberwurstlauchsauce:
Eine kleine Stange Lauch in feine Streifen schneiden, in einem Topf mit etwas Öl anschwitzen. Nun 1/2 Leberwurst ohne Haut dazugeben und gut umrühren und mit Brühe bis zur gewünschten Konsistenz verdünnen. Noch warm über die Teigtaschen geben.

So kommt man hin

Mit der Bahn:
Kusel hat einen eigenen Bahnhof mit Verbindung zu den Großbahnhöfen, Umsteigemöglichkeit für Fernzüge in Kaiserslautern und Landstuhl
Mit dem Auto: aus Richtung Mainz über die A 63 bis nach Wörrstadt, dann auf der B 420 über Meisenheim-Lauterecken nach Kusel.
Die schnellste Strecke vom Raum Koblenz führt auf der A 61 bis Bingen, B 50 nach Bad Kreuznach, über die B 428 nach Frei-Laubersheim, dort auf die B 420 nach Kusel.
Von Mannheim-Ludwigshafen aus: A 6 bis zum Autobahndreieck Landstuhl, hier auf die A 62 Richtung Trier, relativ bald erreicht man dann die ausgeschilderte Ausfahrt Kusel.

Touristische Informationen
Touristinformation
"Kuseler Musikantenland"
Trierer Straße 41
66869 Kusel

Tel.: 06381-42 42 70
Fax: 06381-42 42 80

Bärte, Boys und Bälle – Kaiserslautern

Barbarossastadt oder "K-Town" - zwei Begriffe, die das Image von Kaiserslautern mitprägen. Doch weit mehr als die Begegnung mit der Geschichte um "Kaiser Rotbart" oder die Anwesenheit der US-Streitkräfte sind uns zwei Dinge aufgefallen. Zum einen findet man aufgrund der großen Kneipendichte auch bei regnerischem Wetter immer ein Plätzchen im Trockenen.
Zum anderen lebt die Stadt nach dem "Fußballkalender": Denn egal, ob 1. oder 2. Bundesliga oder Kampf um Meisterschaft oder gegen den Abstieg - die Roten Teufel sind Zuschauermagnet, Identifikationsobjekt für eine ganze Region und Sympathieträger über die Stadtgrenze hinaus. Bis in hohe Amtsränge hinein hat alle das Fieber gepackt: Wenn ein Spiel näherrückt, kann man keine Termine mehr festlegen. Es sei denn, man verabredet sich gleich auf dem Betzenberg.
Im Zweiten Weltkrieg wurde Kaiserslautern zu fast 60 Prozent zerstört. Mit wachem Auge entdeckt man dennoch Details alter Bausubstanz wie beispielsweise ein hübsch renoviertes Fachwerkhaus. Moderne Architektur findet sich dagegen auf dem Campus der Universität. Bauelemente aller Formen lassen sich hier bewundern - ein gelungenes Zusammenspiel.

Die Barbarossa-Stadt

Wir beginnen unseren Ausflug erst einmal abseits des runden Leders, im **Rathaus**, dem zweithöchsten der Bundesrepublik. Das Restaurant im 21. Stockwerk verfügt nicht nur über eine Karte mit umfangreicher Speisenauswahl. Von hier oben bieten sich herrliche Fernblicke. Interessantes kann man aber auch in unmittelbarer Nähe entdecken, denn direkt zu Füßen des "hohen Hauses" liegt das neue **Pfalztheater**. Schon die Eingangsrotunde zieht die Blicke auf sich. Drinnen sind mit Oper, Theater, Ballett gleich drei Sparten vertreten. Warum also nicht mal ein Besuch nach dem "Kunstkalender" der Stadt?!

Vor dem Rathaus liegt etwas im Pflaster, das zu beachten sich ebenfalls lohnt: ein Kanaldeckel mit Stadtwappen - man erkennt den Lauterer Fisch, der aus dem heimischen "Guß- und Armaturenwerk" stammt. Das Familienunternehmen ist das drittgrößte seiner Art in Deutschland und kann nach Voranmeldung besichtigt werden. Und dann gehen wir sogar noch ein Stockwerk tiefer, nein, nicht in die Kanalisation. Aber die 800 Meter langen Fluchtstollen der **Barbarossaburg** am Rathaus winden sich nicht weniger abenteuerlich unter der Erde.

Über den Stollen befindet sich der **Casimir-Saal**, die "gute Stube" der Stadt. Der Saal wurde 1935 in Erinnerung an das einst dort stehende Schloß des "Jägers aus Kurpfalz" errichtet. Hier kann man unter anderem eine Kopie des berühmten Barbarossa-Kopfes besichtigen. Friedrich I., der rotbärtige König und Kaiser des Heiligen Römischen Reiches deutscher Nation, war die europäische Herrschergestalt ihrer Zeit. Ein Modell läßt erahnen, wie prachtvoll die Hohenstaufenpfalz aus dem 12. Jahrhundert ausgesehen hat. Neben dem Gebäude des Casimir-Saals sind von der einstigen Baupracht in der Innenstadt allerdings nur noch Reste der Barbarossaburg zu sehen.

Wer mehr über die Geschichte der Westpfalz und ihrer Metropole wissen möchte, dem empfehlen wir einen Besuch des **Theodor-Zink-Museums**. In den ansprechenden Räumen wurden unter anderem Einrichtungsstücke früherer Stadtbewohner zusammengetragen. Nicht fehlen darf in dieser Region das Thema Auswan-

derung. Not und Unterdrückung früherer Jahre trieben hunderttausende Pfälzer vor allem nach Amerika.

Und noch auf eine andere Weise kann man sich Geschichte und Gegenwart Kaiserslauterns nähern. Am Eingang zur Altstadt empfängt den Besucher der **Kaiserbrunnen**. Das Ensemble aus zahlreichen Figuren hat der Künstler Gernot Rumpf geschaffen. Mit einem Schiffchen hat er beispielsweise der Auswanderung gedacht. Eine Eule mit Zwicker symbolisiert die Weisheit, sprich: die Universität der Stadt. Der Fleiß einer Biene weist auf einen der großen Nähmaschinenhersteller hin.

Wir entdecken viele interessante Figuren, die wir im Film festhalten wollen. Trotz "Winterpause" stellt die Stadt für uns sogar das Wasser an, um den Bildern den nötigen Pepp zu geben. Doch es ist wie verhext: Die Sonne spielt nicht so recht mit. Also heißt es, "Licht setzen". Als wir unsere Lampen gerade aufgebaut haben, versiegt der Brunnen. Doch die Stadt reagiert schnell, schickt dankenswer-

terweise und unbürokratisch einen Notdienst los. Mit Erfolg: Das Wasser fließt wieder. Da läßt sich dann auch die Sonne nicht "lumpen" und kommt hervor. An warmen Tagen ist der Brunnen übrigens beliebtes Planschbecken - von uns geschätztes Fassungsvermögen: 50 Kinder.

Nachbar Amerika

Wanderten die Pfälzer per Schiff aus, so kamen die meisten Urenkel mit großen Vögeln wieder zurück. Mit Flugzeugen vom Typ Galaxy landen meist junge US-Soldaten in **Ramstein**. Die Amerikaner haben das Bild der Stadt entscheidend mitgeprägt. Zeitweise konnte man Kaiserslautern auch wie folgt in Zahlen ausdrücken: 150.000 Einwohner, davon 50.000 - also jeder Dritte - Amerikaner. Es lassen sich interessante Kombinationen finden. So entdecken wir über der Polizei-Station der Amerikaner einen Sheriff-Stern mit deutschen Bezügen: Bundesadler, Pfälzer Löwe und Lauterer Fisch ...

Die Einsätze der Polizeistreifen sind seltener geworden, seitdem die GIs als Berufssoldaten meist mit der eigenen Familie hierher kommen. Die Frauen achten darauf, daß zu Hause gegessen wird. Trotzdem prägt ihre Anwesenheit weiterhin das Stadtbild. Werbetafeln, zweisprachige Hinweisschilder - in Kaiserslautern kann man Englisch quasi auf der Straße lernen. Wir besuchen den "Pfennig-Basar" des deutsch-amerikanischen Frauenclubs. Er ist der älteste Zweiländerverein in Südwestdeutschland und erwirtschaftet beträchtliche Summen für karitative Zwecke.

Die Amerikaner haben mehr als 30 Kirchen in und um die Stadt gebaut oder eingerichtet. Wir sehen uns die **Vogelweh-Kirche** näher an. Imponierend allein schon der im Keller untergebrachte amtliche Trakt. Dort arbeiten Militärpfarrer verschiedenster Religionen friedlich Tür an Tür.

Es ist Sonntag, 12.30 Uhr - Zeit für einen Blick in die Kirche. Schon am Eingang dringen uns für einen Gottesdienst, wie wir ihn kennen, ungewöhnliche Klänge ans Ohr. "Down by the Riverside ...", Gospelgesang, aber nicht vom Band. Vor uns steht ein richtiger Chor und singt in mitreißendem Rhythmus. Der großartig gestaltete Gottesdienst zieht auch Außenste-

hende in seinen Bann. Ein kultureller Brückenschlag ...

Kultur - in alter Fabrik und auf dem Spielfeld

Apropos Kultur - da verbinden sich in Kaiserslautern einige Namen und Gebäude. Die alte Kammgarn-Fabrik ist eines davon. In dem Industrie-Denkmal befindet sich das **Kulturzentrum Kammgarn**, ein Mekka der freien Szene im Südwesten. Wer die Malerei oder Plastiken liebt, der wird in der **Pfalzgalerie** fündig.

Und die **Fruchthalle** - im Stil des florentinischen Palazzo Medici erbaut - dient für Veranstaltungen aller Art. Das Spektrum reicht von der klassischen Musik bis zu den Auftritten der Casimir-Garde des örtlichen Karnevalvereins. Die Mädchen haben sich schon viele Titel ertanzt.

In erster Linie ist für Titel jedoch nur ein Verein so richtig zuständig: der FCK. Ecke, Kopfball, Tor - das ist Spielkultur à la Kaiserslautern. Zwar liegt die vorerst letzte Deutsche Meisterschaft von 1991 ein paar Jahre zurück, aber träumen kann man ja, beispielweise in der FCK-Bettwäsche. Die und andere Fanartikel vom After Shave bis zur Seidenkrawatte finden wir im clubeigenen Shop in der Innenstadt. Richtig ausgerüstet, kann man dann den Aufstieg zum **Fritz-Walter-Stadion** wagen. An Bundesligaspieltagen ist die halbe Stadt hier oben versammelt. Und auch beim beliebten NATO-Musikfestival füllt sich das Rund. Die Anlage ist jedoch mehr als ein Stadion, förmlich ein Erlebnispark, angesiedelt zwischen Stadt und Wald.

Kaiserslautern kann man nämlich auch unter dem Gesichtspunkt eines Tors zum Pfälzerwald sehen. Markante Punkte am Rande der Stadt bieten die Möglichkeit zu Ausflügen. Markierte Fern- und Rundwanderwege sowie Lehrpfade sind vorhanden. Wir wählen uns den **Vogelwoog**

aus, fangen wunderschöne Naturbilder ein. Und im **Wildpark Betzenberg** beobachten wir mit der Kamera Auerochsen und Wisente. Aber auch das **Vogelschutzgebiet Kaiserberg**, der **Tierpark Siegelbach** sowie Bremerhof, Aschbacherhof, Blechhammer, Hagelgrund, Gelterswoog oder der Humbergturm (430 Meter über NN) und der **Schlachtenturm Morlautern** (330 Meter über NN) haben ihren Reiz.

Pfaffs pfiffige Idee

Zurück in der Stadt schlagen wir ein weiteres "Kapitel" auf: Kaiserslautern als Industriezentrum. Am Kaiserbrunnen waren wir schon der Nähmaschine begegnet. Jetzt befinden wir uns mitten in den Werkshallen der Firma Pfaff, für viele ein Wunschausflug. Das Traditionsunternehmen kann nach Voranmeldung daher nur besichtigen, wer gute Worte und nicht weniger gute Argumente findet. 1851 brachte der Instrumentenbauer Georg Michael Pfaff die Nähmaschinen-Idee aus London nach Kaiserslautern.

Innerhalb weniger Jahrzehnte stieg das Unternehmen zum größten seiner Art in Europa auf. Zwischen den ersten Modellen und den heute computerunterstützen Maschinen liegen Welten. Eine der meistverkauften kann Gesäßtaschen aufnähen. Zarte Dessous benötigen eine feinere Nadel. 200 Grundtypen gibt es mit 800 Varianten.

Eine ist vorerst einmalig: die größte und schnellste Stickmaschine der Welt. 20 Köpfe hämmern simultan. Mit 1.000 Stichen pro Kopf und Minute hat sie eine Art Schallmauer durchbrochen.

Einkauf der besonderen Art

Einkaufen - auch das läßt sich in Kaiserslautern, zudem auf recht unterschiedliche Art. Da wäre beispielsweise der **Markt** zu Füßen der **Stiftskirche** von 1274. Ab zwölf Uhr geht 's so richtig los, wenn die Verkäuferinnen und Verkäufer mit typischem Marktgeschrei die Ware anpreisen dürfen. Die Kirche selbst lohnt es allerdings ebenfalls zu besichtigen. Sie ist der größte Hallenbau im Südwesten. Ein Denkmal in der Vorhalle erinnert an die Union der Reformierten und Lutheraner der Pfalz im Jahre 1818. Damals wurde hier die erste deutsche Volkskirche geboren - also eine vom Volk, nicht vom Fürsten betriebene Kirchenvereinigung.

Am Stadtrand dann eine weitere Art des Einkaufs. Auf einem eingezäunten Gelände stapeln sich Militärfahrzeuge aller Art. Es ist der größte deutsche Verkaufsplatz einst fahrbarer Militaria. Hier darf jeder bestellen - den ausrangierten Truppentransporter, einen Sanitäts-Lkw oder die Rettungsinsel ...

Zum Schluß unseres Ausfluges kehren wir in die Innenstadt zurück. Ein Tip für urige Gemütlichkeit: das **Café Bächle**. Hier erfährt man am Stammtisch manche Neuigkeit. Und der Hunger läßt sich mit einem Pfälzer Teller stillen: Saumagen, Bratwürstle, Leberknödel mit Rahmspecksoße, Sauerkraut und - je nach Geschmack - Kartoffelpüree oder Bratkartoffeln.

Dieser Beitrag beruht auf der Grundlage des Films von Hans-Helmut Breidenbach.

So kommt man hin
Mit dem Zug: auf den Bahnlinien Mannheim - Saarbrücken, Bingerbrück - Kaiserslautern, Pirmasens - Kaiserslautern und Lauterecken - Kaiserslautern
Mit dem Auto: über die Autobahn A 6 (E 12) sowie die Bundesstraßen B 37, B 40 und B 270

Touristische Informationen
Stadtverwaltung Kaiserslautern
Verkehrs- und Informationsamt
Willy-Brandt-Platz 1
67653 Kaiserslautern

Tel.: 0631-3 65 23 17
Fax: 0631-3 65 27 23

Eine heitere Badereise – Bad Dürkheim an der Weinstraße

Ein mildes Klima, Naturschönheit und Heilquellen - Dürkheim hat, was ein Bad braucht. Und daß wir es hier nicht mit einer verschlafenen Kurstadt zu tun haben, zeigt allein schon der jedes Jahr im September stattfindende "Wurstmarkt". Er ist eines der größten, wenn nicht sogar das größte Weinfest der Welt. Oder wie wäre es mit einem Besuch zur Mandelblüte im Frühling? Das farbenprächtige Blütenmeer erwartet den Besucher schon bei der Anreise.

Den Aufstieg zum Bad verdankt Dürkheim seinen salzhaltigen Quellen. Die wurden anfangs natürlich zur Salzgewinnung genutzt. Das über 300 Meter lange **Gradierwerk** ist das dominante Bauwerk der Stadt. Von dort geht der Blick hoch zur **Michaeliskapelle**. Die hierher führenden Wallfahrten bildeten den Ursprung des berühmten Wurstmarktes. Gerade an einem sonnigen Tag - und da gibt es in der Gegend einige im Jahr - ist dies für unseren "Fahr mal hin"-Film eine prächtige Kameraperspektive.

Plötzlich hören wir Hufgeklapper auf dem Asphalt. Eine Kutsche nähert sich, hält und heraus steigt ein Mann mit elegantem, herrschaftlichem Umhang, Rüschenhemd, gepuderter Pe-

rücke und Hut auf dem Kopf. Langsam dämmert es - da war doch was? Richtig, das muß er sein: Ludwig I., Bayernkönig und auch Herrscher in der Pfalz. Er kam vor rund 150 Jahren nach Dürkheim - den Zusatz "Bad" führt man erst seit Beginn dieses Jahrhunderts -, um sich vom Fortschritt der Arbeiten an der Saline zu überzeugen. Auf Bitten Dürkheimer Bürger hatte er die Mittel für den Wiederaufbau des Gradierwerkes bewilligt, das im Laufe seiner Geschichte mehrmals zerstört wurde, mal durch Orkan, mal durch menschliche Hand. Erst 1992 ist wieder ein Brand an das Bauwerk gelegt worden.

Wir nehmen sein Angebot an, uns an die interessantesten Plätze der Stadt zu führen. Es müssen die Reisestrapazen mit dem Pferdegespann gewesen sein, weshalb der König als erstes das **Riesenfaß** ansteuert, eine weitere Dürkheimer Attraktion. Dieses Anfang der 30er Jahre errichtete größte Faß der Welt war schon von seinem Erbauer, dem Küfermeister Fritz Keller, als Anziehungspunkt für Touristen geplant. Im Inneren befindet sich eine Gaststätte, in der es sich Ludwig bei Saumagen, Bratwurst, Leberknödeln und natürlich einem Gläschen Pfälzer Wein schmecken läßt.

Blütenpracht und Kunstgenuß

Am nächsten Morgen geleitet uns der König auf einen Rundgang durch den **Kurpark**, der fast 150 Jahre alt ist. Ursprünglich war hier der barocke Schloßgarten der Grafen von Leiningen, der später als Landschaftspark im englischen Stil erweitert wurde.

Hier traf sich die feine Gesellschaft, vornehmlich die adelige - eben jene, die sich damals Erholung und Müßiggang in reizvoller Umgebung erlauben konnte. Solche Gesellschaft hat einst auch Ludwig gesucht, denn er liebte schöne Frauen wie Lola Montez, die feurige Tänzerin. Auch wegen der Affäre mit ihr hat er später auf den Thron verzichtet. Oder Lady Jane Ellenborough, Helene Sedlmayr ...

Feine Damen wie diese tranken damals arsenhaltiges Wasser. Es sollte gegen Blutarmut und Schwächezustände helfen, wie uns die Werbung früherer Tage offenbart. Den gleichen Erfolg versprach man sich von der Traubenkur. Die ist allerdings heute noch zu empfehlen, und es gehört schon lange nicht mehr blaues Blut dazu, um in Dürkheim essen, trinken und spazieren zu gehen. Dazu gehört auch der Kunstgenuß. Wir lauschen Tilmann Wick und Franz Massinger an Violoncello und Klavier bei einer Probe für ein "Brunnenkonzert".

Ludwig zieht es weiter, am Kurhaus und Kurparkhotel vorbei, an der katholischen **Ludwigskirche**, die 1830 - im übrigen genauso wie das Kurhaus - im klassizistischen Stil erbaut wurde. Wir gelangen zum **Römerplatz** - die neue Fußgängerzone. Hier läßt Trompetenklang den König kurz verweilen. Gerade werden mit einer kleinen musikalischen Einlage moderne Plastiken - darunter ein "Steinkreis" - eingeweiht.

Ludwig eilt uns nun zu einem Ort voran, den er noch in allerbester Erinnerung hat. Im Restaurant zu den "Vier Jahreszeiten" am Ende der Römerstraße trafen sich früher Adelige, Dichter und Schriftsteller bei der "schönen Anna". Leider findet er die Türen verschlossen, denn Schellfisch, Punschtorte und andere Köstlichkeiten werden hier nicht mehr zubereitet. Nur das Kochbuch der "Schönen Anna" ist geblieben.

Tip: Ein bißchen Freizeit, ein bißchen Schönheit

Und wo trifft man sich heute? Ein sprichwörtlich "heißer Tip" ist das **türkische Bad** im Kurzentrum. Erfahrene Bademeister kneten den Besucher durch - eine freundlich-robuste Behandlung, die Entspannung verspricht. Im neuen "Wellness-Zentrum" gibt es was für die zarte Haut, beispielsweise ein "Kräuter-Rasul-Dampfbad". Noch nicht schön genug? Also läßt man sich beim "beauty paradise" im Kurpark-Hotel eine "modellierende" Maske auflegen oder sorgt im "Meditatorium" für innere Entspannung und wartet auf die Schönheit, die von innen kommt.

Etwas turbulenter geht es im "**Salinarium**", dem Freizeitbad, zu. Ein paar Mal im Jahr veranstaltet hier das "Kulturbüro" der Stadt sogar eine Filmnacht. Mit den Beinen im Wasser baumeln und zuschauen oder Schwimmen im Flackerlicht der Kinoleinwand - beides hat einen besonderen Reiz.

Nur der Bayernkönig empfindet sich hier doch ein wenig fehl am Platz. Wir finden ihn wieder, wo ein Frack besser paßt: im Casino des Kurhauses. Auch Könige wünschen sich anscheinend mit geringem Einsatz reicher zu werden. Das Glück ist ihm hold, er streicht am Roulettetisch einen kleinen Gewinn ein. Ob er dafür nun ein paar Andenken für seine Schönheiten findet?

Draußen im Kurpark empfängt uns erneut Musik, aber ganz andere Töne. Die "Fabelhaften Vier" der Musikschule Ludwigshafen, immerhin Preisträger bei "Jugend musiziert", spielen einen Song jener "Fab Four", die als Beatles Geschichte machten. Sonst widmet sich das jugendliche Quartett natürlich ernsthafterer Musik ...

Auf den Spuren der Leininger Grafen

Solch ernsthafte Musik dringt aus der **Schloßkirche**, ein um 1300 errichteter gotischer Bau. Kantor Jürgen E. Müller greift gerade in die Tasten. Er spielt, was ein Vorgänger komponierte: Johann Zacharias Franck. Er war

nach 1700 Organist an der Schloßkirche. Seit der Renovierung Anfang der achtziger Jahre trägt das Bauwerk auch moderne Züge. Wir entdecken ungewöhnliche Säulenmotive: Arbeiter am Fließband, einen Bagger.

Ein Kapitell erzählt die Geschichte von der Bombe. Sie fiel beim Angriff von 1945 in die Kirche, explodierte aber nicht. Ein 16jähriger Junge trug sie hinaus und rettete somit die Kirche. Von besonderem Reiz ist auch das Renaissance-Grabmal der Leininger, des Grafen Emich und seiner Frau Maria Elisabetha.

Ausflugtip: Die Hardenburg

Gekrönte Häupter - für unseren König ein wichtiges Thema. Die Leininger Grafen waren allerdings ein kriegerisches Geschlecht. Um ihren Spuren zu folgen, führt er uns zur **Ruine Hardenburg**. Anfang des 13. Jahrhunderts erbaut, war sie eine der mächtigsten Burganlagen und Hauptsitz der Leininger Grafen, Linie Dagsburg-Hartenburg. Mehrmals wurde sie zerstört. Zuvor hatte sich hier mit Festmählern, Kunst und Kultur höfische Pracht entfaltet.

Nach der Zerstörung verlegten die Leininger Anfang des 18. Jahrhunderts ihre Residenz in die Stadt. Sie bauten ein Barockschloß mit Park und Theater. Der letzte Fürst, Karl Friedrich Wilhelm Graf zu Leiningen, sollte später vor den Truppen der französischen Revolution fliehen.

Die Franzosen waren es, die das Residenzschloß und große Teile der Stadt zerstörten. Auf den Grundmauern des Leininger Schlosses steht heute das **Kurhaus** mit **Hotel** und **Casino**. Und im Großen Kursaal gibt es immer noch Konzerte, Theater oder Clownereien.

Ausflugtips: Seebach und Ruine Kloster Limburg

Für einen weiteren Ausflug in die Umgebung steigt Ludwig I. ganz zeitgemäß in den Bus. Für den König passend - "man läßt fahren" - außerdem für bestimmte Strecken kostenlos, falls man wie unser Begleiter eine Kurkarte besitzt. Die Fahrt geht in den Stadtteil **Seebach**. Auf dem dortigen Dorfplatz steht eine kleine Kirche in romanischem Stil. Sie gehörte ursprünglich zu einem Benediktierinnenkloster. Im ehemaligen Haus der Äbtissin befindet sich das "Käsbüro". Einst mußte hier der "Käsezehnte" abgeliefert werden. Heute ist es eine Weinstube. Doch der Wirt der Weinstube macht gerade Urlaub, als wir einkehren wollen.

Kein Urlaub dagegen für den Flugsportverein. Für 330 Mark die Flugstunde geht es zum Rundflug über Bad Dürkheim in die Lüfte. Bis zu drei Passagiere können mitfliegen. Von oben erschließt sich uns das Gradierwerk in voller Länge, das Salinarium, das Kurzentrum. Wir fliegen entlang des Isenach-Tales und blicken auf eine imposante Ruine: das **ehemalige Kloster Limburg**.

Es ist so alt wie die Dome von Worms oder Speyer und wäre unzerstört sicherlich ein genauso bedeutendes Bauwerk. Die Grundsteinlegung des Klosters erfolgte 1025 durch Kaiser Konrad II. Als "mächtigster Dom Europas" und Grablege der Salier geplant, von den Leiningern 1504 zerstört, als Kloster 1574 aufgelöst.

Im 11. Jahrhundert wurden auf der Limburg die Reichsinsignien aufbewahrt. Doch in den vielen Kriegen der Region wurde auch die Limburg verwüstet. Nach der Reformation in der Pfalz mußte das Kloster aufgelöst werden.

Doch auch als Ruine ist der einst mächtige Bau beeindruckend - und keinesfalls verwaist. Wir treffen - wieder gelandet - auf das "Theater an der Weinstraße", das gerade für eine Aufführung probt. Doch nicht nur we-

gen des Spielplanes ist Sommertheater auf der Limburg zu empfehlen. Wenn das Abendlicht in das Gemäuer einfällt, entsteht eine faszinierende Atmosphäre. Karten gibt es im Vorverkauf unter anderem in der Klosterschänke Limburg.

Ausflugtips: Kurpfalzpark und Schlangenweiher

Wenige Kilometer von Bad Dürkheim entfernt liegt bei Wachenheim der Kurpfalzpark. Hier kann man die Tierwelt bestaunen, Boot fahren oder sich mit einem Bähnchen kutschieren lassen - Freizeit und Erholung.

Ludwig I. zieht es nochmal in das Isenach-Tal, in die Wälder und an den Schlangenweiher, einen der Stauseen der Saline. Hier führt er uns zu einer idyllisch gelegenen Einkehrmöglichkeit, zum "Blockhaus am Isenach-Weiher". Zur Rast kommt eine Wandergruppe, die mit ausladenden Handbewegungen von einem besonderen Ereignis erzählt: "So zwei Elwedritsche haben wir gesehen ... acht Kilo und drei Pfund." Das geheimnisvolle Tier - vor allem die damit verbundenen Geschichten - die uns in der Pfalz ja schon öfter begegnet sind.

Natur- und Heimatkunde interessant gestaltet

Ob wir ein Exemplar im Pfalzmuseum für Naturkunde im Stadtteil Grethen finden? Die Ausstellungen umfassen unter anderem die Bereiche Geologie, Bergbau, Tierwelt der Pfalz und - ein Raritäten-Kabinett. Alles ist lebendig und anschaulich gestaltet - viel Spaß somit auch für die Gruppe Kinder, der wir hier begegnen.

Was gibt es sonst noch für Kinder?

Ein Tip: die Bibliothek im Haus Catoir an der Römerstraße 20. Hier sind auch kleine Gäste willkommen, dürfen lesen, Kassetten hören und Bücher ausleihen. Gerade über den Hof befindet sich die "Offene Werkstatt". Ihre Angebote kitzeln die Kreativität großer wie kleiner Künstler hervor.

Und natürlich nicht zu vergessen ist das Heimatmuseum mit Ausstellungen zur Archäologie, Stadtgeschichte, zum Kunstgewerbe. Außerdem gibt es einen Salon, eine Bauernstube, eine Küche (19. Jahrhundert), Modelle von Limburg und Hardenburg sowie Puppen, Nippes und Souvenirs.

Geschenktip: Eine Elwedritsche

Apropos Souvenirs: Ludwig I. fährt noch einmal in den Stadtteil Grethen, zu Christa Mesel. Die Winzersfrau töpfert muntere Tierchen. Erraten! Es sind Elwedritsche. Der König entscheidet sich für ein Exemplar und nimmt - für Lola oder Helene? - eine Flasche Wein mit.

Und dann? Dann legt Ludwig I. sein historisches Gewand ab und ist plötzlich wieder Rolf Jochum, Mitglied der Geschichtswerkstatt - und Fremdenführer - für den Besucher, wenn auch nicht immer im königlichen Outfit.

Dieser Beitrag beruht auf der Grundlage des Films von Vera Panhoff.

So kommt man hin

Mit der Bahn: mit der DB kommt man von Neustadt oder Grünstadt/Pfalz. Die Rhein-Haardt-Bahn fährt von Mannheim/Ludwigshafen.

Mit dem Auto: aus Richtung Mainz über die A 63 - A 61 bis zum Kreuz Ludwigshafen, dann über die A 650 - B 37 nach Bad Dürkheim. Aus Richtung Karlsruhe fährt man über die A 65 bis zum Kreuz Mutterstadt, dann weiter auf der A 61 bis zum Kreuz Ludwigshafen, dann A 650 - B 37.

Aus Kaiserslautern kommt man über die B 37 bis Bad Dürkheim oder über die A 6 bis Grünstadt, dann auf der B 271 (Weinstraße) bis Bad Dürkheim.

Touristische Informationen

Verkehrsamt im Rathaus
Mannheimer Str. 24
67098 Bad Dürkheim

Tel.: 06322-935-156
Fax: 06322-935-159

Die Perle der Pfalz – Neustadt an der Weinstraße

Neustadt heißen mehr als zwei Dutzend Städte in Deutschland. "Unser" Neustadt führt zur besseren Unterscheidung deshalb den Zusatz "an der Weinstraße" im Namen. Den braucht es aber nur auf dem Papier, denn im Herzen der Pfalz, am Ostrand des Pfälzerwaldes an der Haardt gelegen, ist es eigentlich unverwechselbar. In sprichwörtlich sonnenverwöhnter Gegend macht es Spaß, durch die Gassen mit den Fachwerkhäusern zu bummeln, durch schmiedeeiserne Tore in Hinterhöfe zu schauen, sich in einer Weinstube niederzulassen.

Wir begeben uns gleich mittenrein in diese Stadt, auf den **Marktplatz** - einer wie aus dem Bilderbuch. Fußgängerzone mit Steinpflaster, Brunnen, Lampen. Das barocke Gebäude an der Westflanke ist das **Rathaus**, ein ehemaliges Jesuitenkolleg. Unter dem Stadtwappen wird einige Male in der Woche Markt abgehalten. Im Sommer bieten die Obst- und Gemüsehändler alles, was in der Pfalz gedeiht - und das ist eine ganze Menge, denn die Böden sind fruchtbar, und das Klima ist mild. Neben Äpfeln, Pfirsichen und Trauben entdecken wir auch baumfrische Feigen. Sie wachsen überall in Neustadt und Umgebung.

Viele Häuser rund um den Marktplatz wurden in den vergangenen Jahren aufwendig und liebevoll restauriert. Angetan hat es uns zum Beispiel das

Scheffelhaus - ein Bürgerhaus der Renaissance von 1580. Im oberen Stockwerk öffnet sich wie eine Art Galerie der Balkon. Blumenkästen setzen einen zusätzlichen Farbtupfer.

Weithin sichtbares Wahrzeichen der Stadt sind die wuchtigen Türme der **Stiftskirche**. Sie ist das bedeutendste gotische Bauwerk der Vorderpfalz. Ihr Grundstein wurde 1368 gelegt. Im Nordturm schlägt die größte Stahlglocke der Welt die Stunden. Sie ist 17,5 Tonnen schwer. Hier oben wohnte bis vor kurzem sogar noch ein Türmer. Wir haben für kurze Zeit seine Position eingenommen und unser "Kameraauge" über die Dächer der Stadt schweifen lassen.

Wieder auf Marktplatzhöhe angelangt, beginnen wir einen Streifzug durch die umliegenden, mittelalterlichen Gassen. Hier lassen sich malerische Höfe entdecken, wie beispielsweise der des Hauses der **Pfälzischen Weinbruderschaft**, Wir biegen in die **Metzgergasse** ein, die von Süden her auf den Marktplatz trifft. Hier erhält man einen Eindruck von der Enge einer mittelalterlichen Stadt und auch von ihrer Standesordnung. Die Metzgergasse war - wie der Name sagt - hauptsächlich von der Zunft der Metzger und Schlachter bewohnt. Ihre Zunftzeichen sind noch im Stein der Torbögen zu sehen.

Ein bißchen Geschichte

Der Name läßt es erahnen: Neustadt ist im Vergleich zu anderen pfälzischen Städten eine relativ junge Stadt. Sie verdankt ihre Entstehung der Machtpolitik der Pfalzgrafen. Weit

ältere Orte der Gegend überflügelte sie bald. Ihre Anfänge liegen im Dunkeln, 1235 wird die Stadt erstmals urkundlich erwähnt. Sie hatte damals eine stürmische Entwicklung hinter sich, die 1275 in der Verleihung der Stadtrechtsprivilegien durch König Rudolf von Habsburg gipfelte. Von zwei Burgen im Norden und Westen beschützt, war Neustadt bald von Mauern, Gräben und Türmen umgeben - ein befestigter Handelsplatz, dort, wo der Speyerbach den Pfälzerwald verläßt, an den Bergen der Haardt.

Das **Stadtarchiv** hütet theologische Bücher aus dem 16. Jahrhundert, gedruckt in Neustadt. Verfasser waren Heidelberger Professoren, die aus Glaubensgründen von dort vertrieben wurden. Pfalzgraf Johann Casimir, ein

Calvinist, ließ ihnen und ihren Studenten 1579 das **Casimirianum** als Ausweichuniversität errichten. Neustadt war damit für wenige Jahre Universitätsstadt. Der schöne Renaissancebau mit Treppenturm wurde 1995 nach jahrelanger Restaurierung und Sicherung wiedereröffnet.

Die Pfalz war im Dreißigjährigen Krieg fast entvölkert. In der Stadt lebten gerade noch 300 Seelen, als spanische und schwedische Truppen vor ihren Toren eine Schlacht schlugen. In all den Kriegen der vergangenen Jahrhunderte wurde Neustadt nie zerstört. Häuser des 16. und 17. Jahrhunderts prägten bis in unsere Tage das Stadtbild. Trotz der Vergrößerung nach Beseitigung der Mauern im 19. Jahrhundert hatte Neustadt einen nahezu komplett erhaltenen mittelalterlichen Kern. Keine Stadt der Pfalz hat mehr alte Bausubstanz. Alte Aufnahmen zeigen es: Der Speyerbach floß noch vor 25 Jahren durch die alten Viertel - ein Hauch von Klein-Venedig.

Die Stadt war nie reich. In den sechziger Jahren war die Bausubstanz vieler Häuser marode, die Wohnverhältnisse oft menschenunwürdig. So planten die Stadtväter eine gründliche Erneuerung. Neustadt wurde zum Modellfall für Stadtsanierung - finanziell großzügig unterstützt.

Das damalige Rezept hieß jedoch "Flächensanierung". Ihr fielen ganze Stadtviertel zum Opfer. Der Speyerbach wurde in Rohre gezwängt. Die Altstadtbezirke Klemmhof und Bachgängel galten als nicht mehr erneuerungsfähig und wurden beseitigt.

So leichtfertig würde man heute nicht mehr mit historischer Bausubstanz umgehen. Bevor weitere Straßenzüge vernichtet wurden, setzte glücklicherweise ein Umdenkprozeß ein. Fortan ging es um Objektsanierung, die Rettung einzelner Gebäude. Man hat sein Lehrgeld bezahlt, denn seit den siebziger Jahren stehen inmitten verwinkelter Gassen einige doch sehr vom Beton geprägte Bauten, über deren architektonischen Reiz sich streiten läßt. Zumindest sind sie für ihre Umgebung ein paar Nummern zu groß.

Pfälzer Gemütlichkeit und Pfälzer Spezialitäten

Die verbliebene historische **Altstadt** ist dennoch eine Attraktion ersten Ranges. Die **Hintergasse** ist zu einer idyllischen Passage mit reichhaltigem gastronomischen Angebot geworden. Die sonnigen Höfe der liebevoll restaurierten Häuser lassen viele Besucher an die Toscana denken. In der **Mittelgasse** befindet sich Neustadts älteste Weinstube, **"Zur Herberge"**, seit über 200 Jahren im Besitz derselben Familie. "Der Urgroßvater hat 1850 eine Herberge d'raus gemacht, vorher war es eine Straußwirtschaft", erzählt Wirt Gerhard Krieg.

"Die Leute schätzen die Gemütlichkeit. Es sitzt hier nicht jeder an einem Tisch extra." Hier kann man also in Ruhe seinen Schoppen trinken und vielleicht auch einer Probe des Gesangvereins "Frohsinn" lauschen.

Im restaurierten **Gerberhaus** in der Hintergasse bietet der Koch Pfälzer Spezialitäten an - und noch so manche eigene Kreation. Als ersten Gang empfehlen wir die „Pfälzer Weinsuppe“, mit Sahne abgeschmeckt. Als Hauptgang kommt dann "Neustadter

Feuer" auf den Tisch: Schweinerükkensteaks mit gestoßener Pfefferkruste auf Madagaskar-Pfeffersoße, dazu Pfälzer Bratkartoffeln und Salat.
Der **Saalbau** ist die "gute Stube" der Neustadter. Wie schon eine Steintafel anzeigt, ist hier die Krönungsstätte der Deutschen Weinkönigin. Seit 1949 stellen sich alljährlich im Oktober beim Deutschen Weinlesefest die Weinköniginnen aller deutschen Weinanbaugebiete einem strengen Wettbewerb. Und wer schon mal da ist, sollte sich den großen Winzerumzug mit Motivwagen der deutschen Weinbauregionen nicht entgehen lassen. Musik, Farbenpracht, alter und neuer Wein und vieles mehr locken in diesen Tagen weit über 100.000 Besucher an.
Ein Nebenprodukt des Weins sind die "Elwedritsche". Wer diese Pfälzer Fabeltiere fangen will, sollte einige Schoppen Pfälzer Wein trinken. Der Neustadter Bildhauer Prof. Gernot Rumpf hat ihnen mit dem Bau eines Brunnens so etwas wie ein Denkmal gesetzt.

Ausflugstip: Mit dem "Kuckucksbähnel" nach Elmstein

In einem alten Lokschuppen am Bahnhof ist das **Eisenbahnmuseum** untergebracht. Alte Dampfloks, Elektroloks und vieles mehr aus der Eisenbahnhistorie ist hier zu sehen. Der Verein für Eisenbahngeschichte hat die alten Dampfrösser gesammelt und restauriert. Im Sommer wird zweibis dreimal im Monat der "Kuckuck" unter Dampf gesetzt - eine alte Lokalbahn, heute Museumszug. Zwischen 1907 und 1954 verkehrte das Kuckucksbähnel zwischen Neustadt und

Elmstein und transportierte Pendler und Holz aus dem Pfälzerwald.
Im Elmsteiner Tal thront, fast ein wenig waghalsig gebaut, die **Burg Spangenberg**. Auch das **Felsennest** gehört zu den Ausflugszielen, die das Kuckucksbähnel ansteuert. Ihre Ursprünge liegen im Dunkeln. Hier, in diesem Tal, berührten sich die Machtbezirke der Speyrer Fürstbischöfe und der Grafen von Leiningen, was zu einer Burgenkonzentration entlang des Speyerbachs führte. Gegenüber der Spangenberg liegt die **Ruine Erfenstein**.
Ein Dreiburgenweg verbindet diese Ruinen mit **Burg Breitenstein** - ebenfalls im Speyerbachtal. Für Wanderfreunde ist der Pfälzerwald ein ideales Revier mit hunderten Kilometern beschilderter Wanderwege.

Zurück durchs Tal nach Neustadt. Am Tor zum Pfälzerwald liegt die **Wolfsburg**. Im 11. Jahrhundert errichtet, bewachte sie im Mittelalter die noch junge Stadt und das Neustadter Tal, die Verbindung nach Kaiserslautern. Im Bauernkrieg wurde sie verwüstet, im Dreißigjährigen Krieg von den Spaniern zerstört.

Ausflugstip:
Auf den "Balkon der Pfalz"

Etwas weniger Wehrhaftigkeit, dafür leicht "verspielte" Architektur entdecken wir beim **Haardter Schlössel** oberhalb des Ortsteils **Haardt**.
Es ist der Rest der **Burg Winzingen**, wie sie im Mittelalter hieß. Um das Jahr 1000 muß sie gegründet worden sein. Noch heute beeindruckt die Chorwand der Burgkapelle, stilistisch mit der Romanik des Speyerer Doms verwandt. Heute ist die Burg in Privatbesitz. Der Ortsteil Haardt nennt sich mit Recht "Balkon der Pfalz". Der Blick schweift weit in die Rheinebene über ein Meer von Reben.

Ein Ortsteil mit eigener Ausstrahlung ist **Gimmeldingen**. Schöne Häuser, interessante Details - so beispielsweise der Wetterhahn auf der Kirchturmspitze. Der Ort ist berühmt für seine Mandelblüte, die im milden Klima an der Weinstraße manchmal schon Ende Februar stattfindet. Dann feiern die Gimmeldinger das Mandelblütenfest. Neustadts eingemeindete Ortsteile sind oft älter als die Stadt selbst. In Gimmeldingen hatten sich schon die Römer niedergelassen. 1926 fand man eines ihrer Heiligtümer: einen Tempel des persischen Lichtgottes Mithras, geweiht im Jahr 325.

Ausflugstip:
Mußbach und der Herrenhof

Der Ortsteil **Mußbach**, 1300 Jahre alt, war bis zur Eingemeindung die größte Weinbaugemeinde Deutschlands. Im Zentrum des Ortes liegt der **Herrenhof**, ein ehemaliges Johannitergut. Dieser Ritterorden hatte hier im 13. Jahrhundert Besitz erworben. Einiges spricht dafür, daß das Johannitergut das älteste Weingut Deutschlands ist. Die Sammlung alter Weinbaugeräte bietet Einblick in die alte Weinbautradition.

Als wir vor den schön restaurierten Gebäuden stehen, können wir uns kaum vorstellen, daß der Herrenhof in den siebziger Jahren vom Verfall bedroht war. Doch ein rühriger Trägerverein sanierte in jahrelanger Arbeit die Gebäude. Heute ist der Herrenhof ein weithin bekanntes Kulturzentrum. Es bietet Platz für Kunstausstellungen, Tagungen - und natürlich Weinfeste. So wird hier jährlich im Juli das Eselshaut-Fest gefeiert.

Wir bummeln weiter durch den Ort, der am ersten Wochenende seine Weinkerwe feiert Der Esel ist beim Fest immer dabei. Er ist die recht lebendige Werbung für die berühmteste Weinlage des Ortes, die "Mußbacher Eselshaut".

Und nochmal kreuzt ein Esel unseren Weg - als Sandsteinfigur an der Fassade eines Hauses. Diese und andere Abbildungen an der **"Eselsburg"** verraten viel über die Lebenseinstellung des verstorbenen Besitzers Fritz Wiedemann, der in der Pfalz unvergessen ist. Er war ein Maler und Bacchant - ein Pfälzer Original. Wir gönnen uns eine kleine Pause in dem Weinlokal mit besonderem Flair.

Ausflug in die Geschichte: Hambacher Schloß

Das Hambacher Schloß liegt südlich von Neustadt, über dem Ortsteil Hambach. Schon von weitem erkennt man die typische Silhouette mit der schwarz-rot-goldenen Fahne über den Zinnen.

Die Burg diente im Mittelalter den Speyrer Fürstbischöfen als Sommerresidenz. Damals hieß sie noch **Kästenburg**, benannt nach den Edelkastanien, die heute noch hier um den

Burgberg wachsen. Die Ursprünge der Burg reichen in salische und karolingische Zeiten zurück. Wahrscheinlich siedelten schon die Römer hier. Die Burg wurde 1688 zerstört.

Der bayrische Kronprinz Maximilian erhielt die Burg 1842 als Hochzeitsgeschenk. Er begann mit Umbauarbeiten. Beinahe wäre die **Maxburg**, wie sie nun hieß, eine Art Neuschwanstein geworden. Daraus wurde nichts, die Maxburg blieb eine Bauruine. Doch die Burg ist in ganz Deutschland bekannt wegen des "Hambacher Festes" von 1832. Das Hambacher Fest war eine Demonstration für ein einiges, freies und demokratisches Deutschland. Das Schloß wurde zum Symbol der deutschen Demokratie. Eine ständige Ausstellung zeigt Dokumente zum Hambacher Fest, als 30.000 Menschen zum Schloß marschierten. Heute ist das Hambacher Schloß ein Ort für große Veranstaltungen - seien es Bankette, politische Versammlungen oder Kunstausstellungen.

Unter der Burg, in der Hambacher Schloßstraße, liegt eine traditionsreiche Weinstube, die schon Besucher des Hambacher Fests beherbergt haben könnte. 1566 wurde das Haus erbaut. Seit Anfang des Jahrhunderts heißt die Weinstube **"Mohre Juhle"**, benannt nach der früheren Besitzerin Juliane Mohr. Die Gäste schätzen die Gemütlichkeit der Gaststube. Zum Wein gibt 's hier Pfälzer Hausmacher, "Weiße Kees" und anderes mehr - ebbes halt.

Dieser Beitrag beruht auf der Grundlage des Films von Utz Kastenholz.

Pfälzer Weinsuppe mit Sahnehaube, frischen Kräutern und gerösteten Weißbrotcroutons

Rezepte aus dem Gerberhaus

Zutaten: (5 Personen), Kochzeit 25 Minuten
40g Butter, 30g Sellerie gewürfelt, 30g Lauch gewürfelt, 30g Zwiebelwürfel, 40g Weizenmehl, 0,6 l Riesling (trocken), 0,2 l Rinderbrühe, 0,2 l flüssige Sahne, 1 Prise Thymian, 1 Prise Knoblauch, 1 Prise Salz, 1 Prise Pfeffer a.d. Mühle, 1 Prise Glutamat, 1 Prise Muskat

Zubereitung:
Die Butter zerlassen, das zerkleinerte Gemüse dazugeben und bei geringer Hitze anschwitzen. Das Mehl dazugeben und zu einer Mehlschwitze verarbeiten. Um Klümpchenbildung zu verhindern, die heiße Mehlschwitze mit kalter Rinderbrühe und Rieslingwein auffüllen. Es entsteht eine glatte Bindung. Anschließend wird die Suppe mit einem Stabmixer püriert und durch ein Sieb abpassiert, aufkochen lassen und mit der flüssigen Sahne verfeinern. Um das feine Aroma zu erhalten, darf die Suppe nicht mehr aufkochen. Je nach Geschmack, die Suppe abwürzen.
Garnitur: Weißbrotwürfel in Butter goldgelb rösten und auf die Suppe streuen, Sahnehaube spritzen und mit frischen Kräutern bestreuen.

„Neustadter Feuer“

Zwei Schweinerückensteaks mit gestoßener Pfefferkruste auf Madagaskar-Pfeffersoße, mit Kräuterbutter, Pfälzer Bratkartoffeln und Salaten der Saison.

Zutaten: (5 Personen)
1 kg Schweinerücken, Senf, frische Kräuter, Pfeffer gerebelt, Salz, 0,3 l braune Soße, 20g Madagaskar-Pfefferkörner, 20g Fett, 30g Kräuterbutter

Beilage:
1,3 kg gekochte Kartoffeln (in Scheiben schneiden), 50g Zwiebelwürfel, 50g Speckwürfel, 30g Öl, 1 Prise Kümmel, 1 Prise Majoran

Vorbereitung Fleisch:
Aus dem Schweinerücken 10 gleiche Scheiben (ca. 100g) schneiden. Mit Salz und Pfeffer würzen, dünn mit Senf bestreichen, gerebelten Pfeffer und frische Kräuter darüber streuen.
Luftdicht verpacken und zwei Tage im Kühlschrank marinieren lassen.
Das Fett in einer Pfanne zergehen lassen und die Schweinerückensteaks beidseitig anbraten.
Die Schweinerückensteaks auf brauner Soße anrichten und mit Madagaskar-Pfeffer und frischen Kräutern bestreuen.

Zubereitung Bratkartoffeln:
Öl in die Pfanne geben, Speck- und Zwiebelwürfel andünsten, Bratkartoffeln dazulegen und bei voller Hitze goldbraun anbraten lassen. Mit Majoran, Kümmel, Salz und Pfeffer würzen.

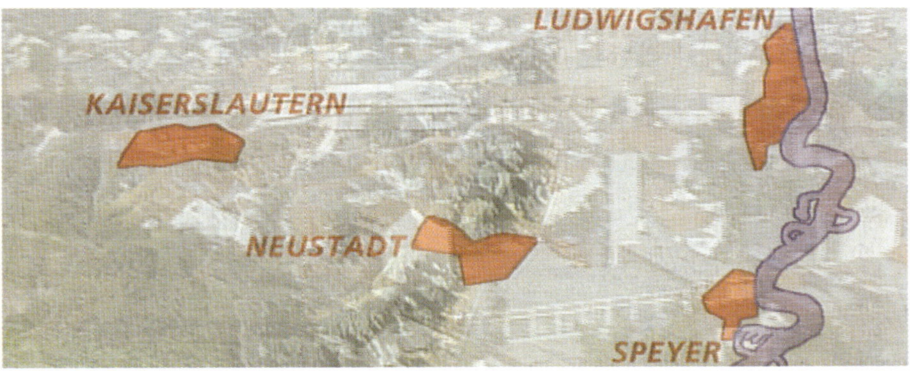

So kommt man hin
Mit dem Zug: Neustadt liegt an der Strecke Mannheim - Paris und ist Halt für alle Zuggattungen.

Mit dem Auto: über die A 65. Neustadt liegt zwischen Ludwigshafen und Landau.

Touristische Informationen
Tourist Kongreß und
Saalbau GmbH
Postfach 100910
67409 Neustadt an der Weinstraße

Tel.: 06321-926892
Fax: 06321-926891

Das größte Dorf in Rheinland-Pfalz – Haßloch

Mit 20.000 Einwohnern ist man eigentlich groß genug, um sich Stadt zu nennen. In **Haßloch** ist man dagegen stolz, noch Dorf zu sein - eben das größte Dorf in Rheinland-Pfalz. Als überregional bekannter Publikumsmagnet wirkt natürlich der **Holiday Park** mit seinen Attraktionen. Doch der Ort selbst braucht sich hinter dem dortigen Angebot nicht zu verstecken. Seinen Charme bezieht Haßloch nicht zuletzt aus dem dörflichen Charakter, der Erholung verspricht und trotzdem Raum für viele Aktivitäten bietet.
So haben auch wir Lust auf's Dorf bekommen, zumal wir es auf besonderem Weg erkunden. "Also, wenn Sie Haßloch mal so richtig erleben wollen, dann müssen Sie zum Herrmann Fritz gehen. Der zeigt Ihnen alles, was interessant ist, und wird Ihnen auch eine Menge Hübsches erzählen", erklärt uns der Erste Beigeordnete zu Anfang unserer Film-Recherchen.

Eine Kutschfahrt, die ist lustig ...
Wir treffen Herrmann Fritz im Bauhof der Ortsgemeinde. Und da stellt sich heraus, daß die Pfälzer alles ein wenig anders machen, auch die Sache mit den Namen. Der Herr Fritz heißt in Wahrheit Herrmann und Fritz mit Vor-

namen. Und der Beruf? Eigentlich alles: Er bearbeitet die Feldwege, wartet die Maschinen der Gemeinde, besorgt den Streudienst und macht das "Holzrücken" im Wald, d. h. er zieht mit dem Pferd Holz an Abfahrtsstellen zusammen. Und dann spielt der Fritz Orgel, Schlagzeug und anderes mehr.

Doch das Wichtigste: Zur Freude der Haßloch-Besucher zeigt Fritz Herrmann diesen die Gegend, ganz stilvoll mit pferdebespanntem Planwagen, chauffiert Hotelgäste oder Jungvermählte in offener Kutsche. Warum also nicht auch mal für das Fernsehen die Pferde anspannen? Wir haben natürlich noch ein paar Sonderwünsche für unsere Filmaufnahmen. In der offenen Kutsche hat unser Kameramann einfach mehr Platz zum Arbeiten.

Ortsbesichtigung: Fachwerk und Hofidylle

Unsere Rundfahrt führt uns erst einmal in den Ortskern mit seinen zum Teil aus dem 17. und 18. Jahrhundert stammenden Häusern. Ganze Straßenzüge sind in der alten Bauweise gehalten: überwiegend zweistöckige Fachwerkhäuser, die mit dem Giebel zur Straße schauen, daneben ein großes Hoftor für die Ackerwagen, ein kleines Tor für Besucher. Der Blick hindurch fällt meist auf einen großen Hof, der nicht selten zu einem Garten umfunktioniert wurde.

Die gemütliche Ausfahrt gibt unserem Haßloch-Fachmann Gelegenheit, ein wenig auf die Geschichte des Ortes einzugehen. So erfahren wir, daß Haßloch eine erste Erwähnung bereits 773 als "Hasalaha" fand, der

Haselstrauch. Um das Jahr 900 hinterließen die Karolinger ihre Spuren. "Villa regia", ein königlicher Gutshof, entstand.
Im Mittelalter war Haßloch Reichsdorf mit selbständiger hoher Gerichtsbarkeit und Befreiung von der Leibeigenschaft. Die fruchtbaren Böden, die Größe der Gemarkung sowie der Waldbesitz haben immer wieder Menschen dazu bewegt, sich hier niederzulassen. Man lebte von Landwirtschaft und Kleinhandwerk. In neuerer Zeit lockte vor allem die BASF im nicht fernen Ludwigshafen mit interessanten Arbeitsplätzen.
Die Haßlocher haben der Versuchung widerstanden, ihre Ackerböden in Rebland umzuwandeln. Wein wird hier kaum gekeltert, und die Landwirtschaft kommt meist erst nach 17 Uhr dran. Außerdem stellte man keine "Betonklötze" in die Landschaft. Den Haßlochern ist es mit dem neuen Rathaus sowie einer Bank zudem gelungen, auch modern gestaltete Bauten harmonisch in das Dorfbild einzupassen. Wohltuend für das Auge des Großstädters, daß nur zwei mehrstöckige Häuser sich über das normale "Dorfniveau" erheben.

Tip:
Mühlen - wandern und einkehren

Fast die Hälfte der Gemarkungsfläche Haßlochs ist Wald, rund 1500 Hektar. In diese Landschaft eingebettet liegen ehemalige Wassermühlen. Die letzte stellte ihren Betrieb erst unlängst ein. Vier von ihnen verbindet ein eigener Mühlenwanderweg. Das reizt auch uns zu einem Ausflug, den wir zur Einkehr in der Sägmühle nutzen. Mit stilvoller Einrichtung beweist man hier

eine der neuen Nutzungsmöglichkeiten für das "alte" Gemäuer. Auch einige der anderen Mühlen sind mittlerweile zu Gaststätte, Restaurant oder Hotel umgewandelt worden.

Ein Tip zur Wettervorhersage

Wir haben es schon oft genug erwähnt, daß diese Region mit viel Sonnenschein im Jahr verwöhnt wird. Nur, was macht Fritz Herrmann, wenn er Gäste mit der offenen Kutsche ausfahren will, und vielleicht doch ein Regentropfen fällt? Das Risiko scheint gering: "Ich fahre meist von der Aumühle ab", erklärt er uns. "Und der Wirt, der Herr Brauch, hat ein besonderes Talent. Der legt sein Ohr an den Hochspannungsmast, horcht einen Augenblick und sagt mir dann, ob das Wetter schön wird." Bisher habe das immer geklappt.

Auf dem Rücken (zahmer) Pferde

Unsere Kutschenpferde zieht's zu Ihresgleichen, zur Pferderennbahn. Mehrmals im Jahr treffen sich hier die Freunde des Galopprennsportes und fiebern mit beim Kampf um die Preisgelder. Wer sich selbst auf den Rücken eines Vierbeiners setzen will, kann dies in Haßloch ebenfalls tun, allerdings etwas weniger rasant. Solch ein Angebot findet sich beispielsweise im Reiterhof Pfalzmühle. Hier stehen Pferde bereit. Für die Betreuung der Gäste sorgt der Reitverein.

Ausflugstip: Vogelschutzpark

Besonders kleine Gäste zieht bekanntermaßen die Tierwelt in ihren Bann. Daher empfehlen wir einen Ausflug in den **Vogelpark**. Hier läßt sich viel über das heimische Gefiedertier lernen, aber auch fremdländische Vögel sind zu sehen. Wir nutzen die Kulisse außerdem, um im "Fahr mal hin"-Film die Kultur "ins Spiel zu bringen". Die musikalische Einlage der "Haßlocher Rotkehlchen" paßt ja schließlich ideal in diese "Vogelwelt". Der Kinderchor gehört zu den Aushängeschildern des Ortes.

Über 70 Vereine zeigen, daß die Haßlocher ein "betriebsames Völkchen" sind. Für die Jüngeren ist unter anderem das Kinder- und Jugendhaus "Blaubär" da. Hier wird von der Faschingsfete bis zum kindgerechten Theater einiges geboten.

Tip:
Radfahren, nicht nur gegen die Uhr

Wir begegnen zum wiederholten Male einer Gruppe von Fahrradfahrern. Wer sich nicht ins Auto zwängen möchte, für den ist das flächenmäßig große Haßloch so auf die schnellste Art zu erkunden. Es ist aber auch eine der bequemsten - von der Kutsche mal abgesehen -, denn das Gelände ist flach. Nicht nur die Besucher steigen in die Pedale, auch für die Haßlocher selbst ist das eine willkommene Fortbewegungsmöglichkeit, wie uns Fritz erklärt. Man muß ja nicht gleich gegen die Uhr fahren wie auf der Radrennbahn - auch über eine solche Sportanlage verfügt der Ort.
Als wir am Bahnhof vorbeikutschieren, kommt gerade ein Zug mit Pendlern an, die in Ludwigshafen bei der BASF arbeiten. Mancher steuert gleich einen der vielen Fahrradständer an, die es hier gibt, um mit seinem Vehikel die letzten Meter nach Hause zurückzulegen. Na, und wo radelt die kleine Gruppe hin, die wir im Park von

Haßloch entdecken? Nirgendwohin, denn sie müssen auf der Stelle treten, die Figuren des Radfahrer-Denkmals.

Tip: Heimatmuseum

In der Gillergasse 11 machen wir vor einem besonders schönen Bauwerk Halt. Grün rankt sich entlang der Außenfassade, die mit ihrem ausladenden Giebel und dem Fachwerk das "typische" Haus der Gegend zu verkörpern scheint. Die Jahreszahl 1599 weist es als das älteste Haus Haßlochs aus. Es beherbergt heute das Heimatmuseum. Drinnen erwartet die Besucher eine Sammlung zu bäuerlicher und handwerklicher Kultur. Draußen hat man Hof und Stallungen so umgebaut, daß sich hier in reizvollem Ambiente auch feiern läßt.

Wir wollen bäuerliche Kultur nicht nur im Museum bestaunen, sondern auch selbst ein bißchen wiederbeleben. Daher sind wir nun bei Elisabeth Litzel zu Gast. Sie hat sich die Kunst des Brotbackens angeeignet und gibt nun ihre Kenntnisse an Interessenten weiter. Dabei entsteht nicht nur einfach Brot. Elisabeth Litzel legt besonderen Wert auf die biologische Reinheit der Produkte. Und wer den Teig richtig ansetzt und kräftig mitknetet, darf sich natürlich später auch sein Selbstgebackenes mitnehmen.

Freizeittip: Badepark

Haßloch verfügt über einen Badepark. Er bietet alles, was eine solch moderne Freizeiteinrichtung attraktiv macht. Hier kann man sich im "normalen" Schwimmbecken fithalten. Die jüngeren Besucher zieht es natürlich eher ins Abenteuerbecken mit Strömungskanal oder auf die Wasserrutsche.

Wir sind allerdings heute nicht zum Baden hierhergekommen. Wir haben uns mit Karin Hurle verabredet. Sie ist Reporterin des "offenen Kanals" und dreht für ihre nächste Sendung. Ein kleiner Kreis von Leuten hat sich erst vor kurzem daran gemacht, in Haßloch dieses neue Medium zu installieren. Vom Senderaum, nahe des Rathauses gelegen, kommt man vorerst ein paar Mal pro Woche auf die Fernsehschirme des Ortes.

Kultur: im offenen Kanal oder im Atelier

Der "offene Kanal" ist auch der Platz, in dem die Haßlocher über Veranstaltungen informiert werden. So hält Karin Hurle für uns einen Kulturtip bereit: Hans Schaurer. Im Atelier des Künstlers liegen für uns einige seiner Zeichnungen aus. Mit seinem eigenen, markanten Stil verewigt er Orts- und Landschaftsansichten. Die Ideen für seine Motive holt er sich - wie könnte es anders sein - aus dieser lebendigen pfälzischen Region.

Freizeittip: Holiday Park

Ideen ganz besonderer Art hat man im Holiday Park entwickelt. Ob rasante Wasserfahrt in "Teufelsfässern", die Kinderspielburg oder ein antikes Pferdekarussell, rasant oder romantisch - für jeden Geschmack gibt es was. Dazu finden wechselnde Veranstaltungen auf dem Gelände statt.

Einen zusätzlichen Reiz zum Besuch der meist künstlich geschaffenen Attraktionen birgt die Landschaft, in die der Erlebnispark eingebettet ist.

Und dann ist da noch das Klima. Die Lufttemperatur beträgt im Jahresdurchschnitt rund zehn Grad, von Mai bis Juli sind es sogar 16 Grad - im Durchschnitt, wohlgemerkt! "Das sind Werte", meint Fritz Herrmann, "von denen andere Regionen in Deutschland nur träumen."
Unserem Begleiter sei nach all den Tips und Erklärungen das Schlußwort gegönnt. "Haßloch", und bei diesen Sätzen holt er ganz tief Luft, "liegt in der Toskana Deutschlands. Wer hier wohnt und arbeitet, lebt in einer Region, in der andere gerne Urlaub machen."

Dieser Beitrag beruht auf der Grundlage des Films von Eberhard Schulz.

So kommt man hin

Mit der Bahn: Haßloch verfügt über einen Bahnhof an der Bahnstrecke Mannheim - Saarbrücken. Verbindungen bestehen vom ICE-Knotenpunkt Mannheim aus. Von hier fahren die Züge nach Neustadt an der Weinstraße, einem IC/EC-Halt.

Mit dem Auto: über die A 61 bis zur Abzweigung Mutterstadter Kreuz, weiter auf der A 65 in Richtung Neustadt an der Weinstraße bis Abfahrt Neustadt Mitte/Lambrecht oder Haßloch/Meckenheim.

Touristische Informationen
Tourist-Information
Rathausplatz 1
67454 Haßloch

Tel.: 06324-935-225
Fax: 06324-935-300